愿你没有白白受苦

学诚／著

台海出版社 博集天卷 CS-BOOKY

愿你没有白白受苦

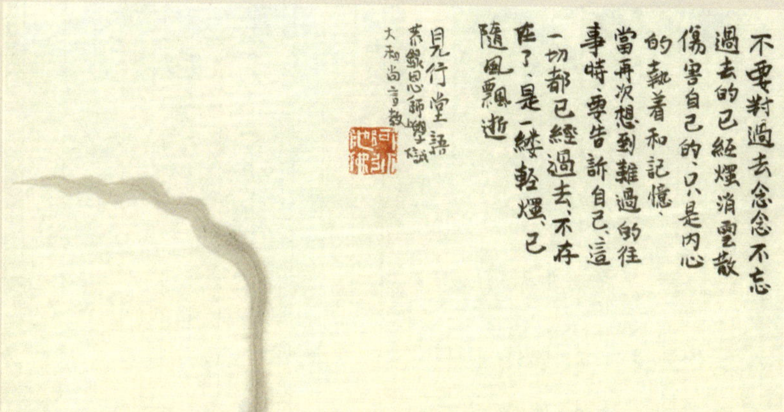

不要對過去念念不忘
過去的已經煙消雲散
傷害自己的、只是內心
的執着和記憶、
當再次想到難過的往
事時、要告訴自己、這
一切都已經過去、不存
在了、是一縷輕煙、已
隨風飄逝
見行堂語
恭錄恩心師學識
大和尚言教

影响我們一生
的事情，不是
失敗，而是面
對失敗的心
态
見行
堂語
恭錄恩師
上學下誠
大和尚
音教

向内用功是解脱
向外追逐是苦海
恭録恩師
上學下誠大和尚
言教

人之所以痛苦
全是因為這
個"我"放不下
見行堂語
恭錄恩師上學下誠
大和尚言教

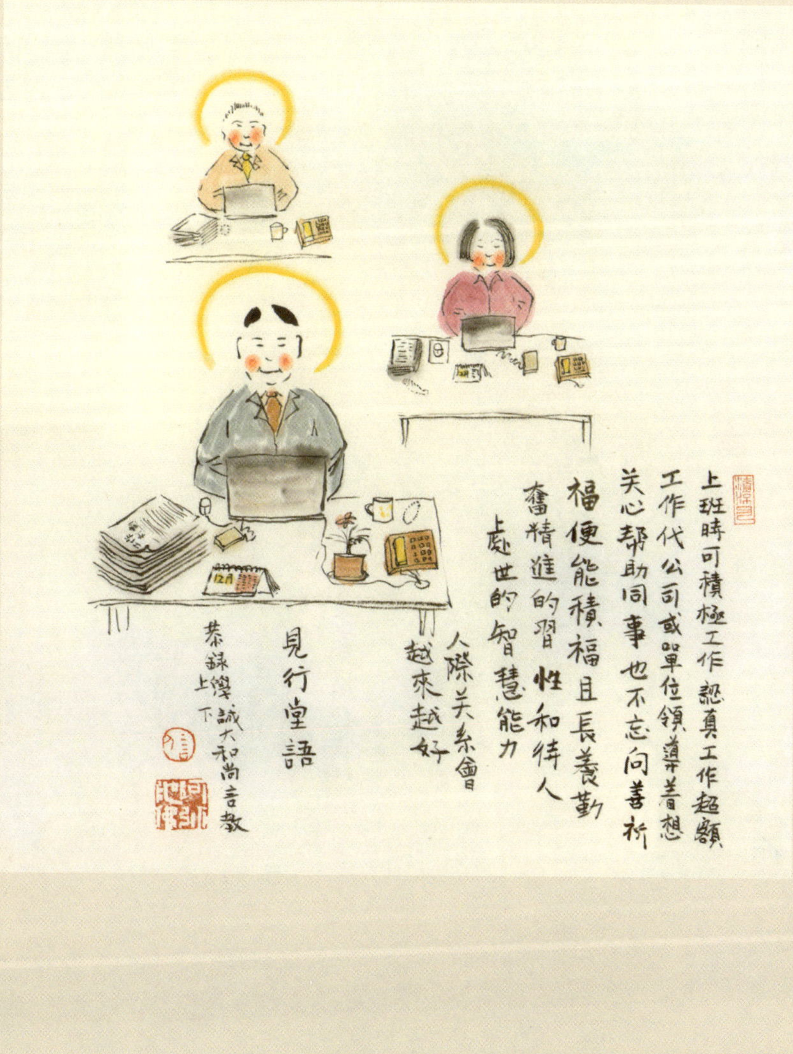
上班時可積極工作 認真工作超額
工作代公司或單位領導着想
关心帮助同事也不忘向善祈
福便能積福且長養勤
奮精進的習性和待人
處世的智慧能力
人際关系會
越來越好
見行堂語
恭錄上學下誠大和尚言教

多感恩同事因為單位是您的衣食之源每個在單位工作的人都對您有恩特別應感恩他們給您提供這樣一個歷練修行的境界
見行堂語
恭錄上學下誠大和尚言教

目录

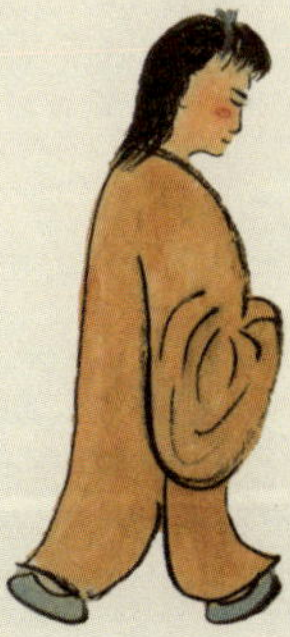

愿你没有白白受苦

序言

皈依就是皈投、依靠的意思，指一种内心的状态，是生命的方向。它并非只是一个佛教名词，而是我们生活中时时可见的一种状态，比如生病了，遇到困难了，我们第一念想到的是要依靠什么，就是这种状态。

从小到大，我们一直在皈依。

小的时候，我们皈依奶瓶——饿了要吃奶，皈依母爱，皈依温暖的怀抱；稍微长大些了，我们皈依玩具；进入学校后，我们皈依老师，皈依课本，皈依学校的纪律；慢慢懂事了，我们皈依学习成绩，皈依自己阶段性的理想和追求。

毕业后，我们皈依工作，没有工作，就没有办法生活，也会觉得不正常。然后有的人会皈依爱情，认为那是人生的终极目标，就如同我们儿时皈依奶瓶一样。

虽然，随着时间的推移、岁月的无常，我们皈依的对象一定会改变，但是，对当时的自己来说，那是真实的，是不可更改的，是世界上最温暖的。

其实，很快就改变了。

有的人开始皈依家庭，然后皈依自己的孩子，皈依孩子的成长和未来；有的人皈依事业，让自己变得忙碌，很忙碌；当然，还有一些运气很好的，皈依名望和财富，在这条道路上努力奔波。

后来，年岁再大一点，我们开始皈依孩子的孩子，皈依他们的喜乐，为了他们的一切忙碌、操劳，心心念念的不再是自己的爱情、婚姻、事业、家庭，而是孩子们要面对的那些事情。

不知不觉中，我们一直在皈依。

人活着，总要依靠点什么，凭恃点什么，不然，怎么生活下去呢?

有的人皈依酒精，有的人皈依自己的收藏，有的人皈依自己的某项技能，有的人皈依艺术，有的人皈依自己的某个信念，等等。

再后来，生活的残酷开始呈现。对大多数人来说，我们开始皈依自己的肉体，因为身体开始衰老，开始有疾病，有些疾病会带来巨大的疼痛和折磨。无奈之下，我们只好皈依医院，皈依各个科室的大夫，皈依各种药品，皈依各种治疗方法。

我们希望健康，希望肉体不要太痛苦，希望能够长寿，希望能够在这个世界上多活些日子，多一天都是好的。只要是看起来有可能让我们达到这个目的的，我们就会皈依一下，如一些偏方，乃至鬼神，乃至巫术，甚至骗子；也有极端的，会皈依自暴自弃、毒品、死亡等更疯狂的方式，以为这样可以获得解脱。

一生无数次皈依之后，当我们面对生命终点的时候，会发现，曾经皈依过的对象都无法让我们获得生命的觉悟和解脱。我们在迷惑中死去。

如此，我们盘点一下自己的一生，确实很残酷。无论我们对曾经皈依的对象多么热爱和迷恋，都依然如梦幻泡影、晨露闪电。

三宝，是佛、法、僧的简称。佛陀是佛法的发现者，他获得了生命的终极解脱和觉悟，他给我们指出的道路、方法就是法，僧是实践和传递这些法门的无畏行者。

佛、法、僧，很少有人有因缘认识到，这个世界上还有这样一条了脱生死的道路，一条从迷到觉的道路。

我们和三宝结缘，学习佛法，按照佛法的路数来修行，最终从迷惑中觉悟，获得圆满的生命，靠的就是这条道路。

皈依三宝，皈依觉悟人生的理论和实践。

人世间最可贵的旅程——我们的皈依之路。

愿你没有白白受苦

第 1 章
智慧觉照，超越对立

2011年2月4日
学诚法师在龙泉寺传授皈依时开示

愿你没有白白受苦

皈依，我们知道是皈依三宝——皈投、依靠三宝。我们为什么需要这个仪式呢？皈投、依靠三宝，就意味着我们的生命从“以自我为中心”的形态，转变到“以三宝为中心”的形态。

我们长期以来的生活、思考，都是以自我为中心。在家庭中也好，在社会上也好，人与人之间有关系，人与人之间有互动，这种关系、这种互动就是人的生活。每个人的生活状态，都是以自我为中心与别人相处，以自我为中心与别人进行互动。以自我为中心，就产生了种种问题。

为什么人会以自我为中心呢？人有八个识：眼识、耳识、鼻识、舌识、身识、意识、末那识、阿赖耶识。其中，末那识是我们整个自我中心的关键，它是意根——意识的根源。只要人一思考、一分别，就跟“我”有关系，这个“我”的根就是末那识，也名为

長期以來
都是以自
我為中心
總是認為
自己是最重要的

染污识。末那识与我痴、我见、我慢、我爱四种烦恼恒常地相应，我痴就是无明，我见就是有自己的见解，我慢就是有慢心，我爱就是有贪心。无明、邪见、慢心、贪心，这几种烦恼与生俱来。人如果以自我为中心，这四种烦恼就会在我们的潜意识里一直发生作

用。自己的无明发生作用，自己的邪见发生作用，自己的慢心发生作用，自己的贪心发生作用，就造成自己的身业、语业、意业都是染污的，都是不清净的，都是恶业，就造成迷茫、困惑、无奈。这就是凡夫的生活，迷的世界。我们皈依三宝，就是要从迷的世界到达觉悟的世界。

佛，无上正等正觉，他有这种力量觉察到我们潜意识里的我执、执着。潜意识里的我们，整个一生，乃至多生多劫以来，考虑问题都是从自我出发，这就会造成很多很多的问题和障碍。

我们只有认识到“以自我为中心”这个问题需要去解决，生命才会有一个方向性的、根本性的转变，那就是皈依三宝。皈依三宝，就是让我们在整个的生命里，以三宝——佛宝、法宝、僧宝为自己的中心，而不再以自我为中心，这是很大的不同，很大的转变。

那么我们是不是这么决定的，心里有没有这样一个决定，是很重要的。你只有真正做了决定，说“那么好，我要以三宝为中心”，你才有皈依；如果没有做决定，你就只是把这个仪式进行了一遍，把皈依念了一遍，效果是不大的。

我们说“尽形寿皈依佛，尽形寿皈依法，尽形寿皈依僧”，每天都要念皈依，就怕自己忘掉，所以每天都要串习。佛有一切智智，法是一切智智的体现，它变成很多的语言文字，这样我们才有办法学习，才有办法理解，才有办法去用功。那僧呢？僧就是照着佛法去修行，去落实，去实践的一个社会团体，僧团就是一个团体。我们所有皈依的弟子，都追随着这个僧团，只有僧团是以追求成佛为目的的。他们追求远离痛苦烦恼、消除业障、积聚福德资粮，以此作为僧团存在于世间的价值和理由。这就是寺庙里的出家人与世俗社会上的那些团体不一样的地方。

一旦我们皈依了，就意味着，我们愿意亲近三宝，愿意照着这条引导的路子往下走，这是非常重要的。你如果没有这样一个深刻的认识、心理上的充分的准备以及坚定的决心，是很难得到皈依的。如果没有真正得到皈依，那么你内心的力量就非常微弱，似明似暗，忽有忽无。活在世间常常会有很多的缺憾，因为内心有缺陷，内心有烦恼，内心有问题，你就会时时刻刻感到不满足。而皈依三宝以后，你内心有了佛法，有了智慧，那些缺陷自然就没有了，你思考问题的角度、认识问题的方法以及整个思维的形态和状态，就会跟过去完全不一样——就像一个觉悟的人，他和一个迷茫的人是不一样的。一个觉悟的人，比如开车，自己要去什么地方，去干什么，内心是非常清楚的。我可以说我要去什么地方参加活动或参加会议，比如去庙里参加放生啊，念经啊，研讨啊——目标非

常明确。如果不是这样，那就是迷茫。

佛法是我们精神上的食粮。我们的身体要吃饭、要喝水，这是物质层面的；我们的精神层面也需要食粮，这食粮就是法，就是佛法。佛法是世间所有精神食粮中品质最优秀、最高级的精神食粮。佛法流传2500多年，到今天依然这样兴盛。精神方面的食粮和物质方面的粮食一样，人如果不吃饭，一餐两餐不吃估计可以，一天两天不吃，三天五天不吃，生命就会有危险，超过一个星期，人就不行了，就活不下去了。

佛法方面的资粮也一样，每天要用功，每天要缘法，每天要做功课，每天要不离三宝——生命不离三宝，因为我们皈依三宝，三宝就是我们修行人生命的中心。只有这样，我们的精神状态才会有本质上的改变。

如果皈依之后你没有照着佛法去落实，而仅仅是口头上说“我皈依以后就要发生很大的变化”，那么这个变化是显现不出来的，因为变化要通过自己内在的决定以及外在行为的改变才会显现。如果你的内心没有很好地决定“我要照着佛法去落实”，那怎么改变？改变不了。

佛法与我们的现实生活是不可分离的。在人与人、人与事的整个互动过程中，用佛法的智慧来观照，用佛法的智慧来觉察，用佛法的智慧来处理这种种的问题，那我们生命的品质、生命的价值就会不一样。而不是说要把佛法与我们的学习、工作、生活对立起来，那是错误的。

我们内心有了一种众生平等，有了一种超越对立的思想认识之后，事情自然就好办了。很多问题的出现都是因为对立，以致最后变成水火不相容、胶着的状态。如果我们超越了对立，那么它就统一了，它的矛与盾就统一了，我们就得到解脱了。所以我们要超越、要解脱的，都在我们的内心，要从自我意识中解脱出来，就要常常代人着想。我们现在的种种痛苦、不快乐，不在物质层面，完全是精神层面的问题。物质方面，你只要有地方住，有饭吃，有衣服穿就可以了，但是这并不是说你就会有快乐，有永恒的快乐。佛法告诉我们生活和生存的一种方法、一套公式，告诉我们一套很好的思维模式，让我们在生命的最深层次上有了真正的依靠和力量。只有这样我们才会有皈依。

你如果做了这种决定，看人就会不一样。你看到佛，看到菩萨，看到法师，看到这种僧团，看到这些同行道友，你的见解就会不同。如果不是这样，依然是以自我为中心去认识问题，认识客观环境，只会不断增强自己的执着——我执、法执，这样的话，佛法是学不进去的，只会越学越成问题。我们在座的大多在家里，在社会上都有相当长的人生经历，慢慢对这些道理会有所领悟。所以学佛法不是说你有空闲时来学一学就可以的，也不是说等你把工作放下了以后再来学一学，那完全不对。它是与自己的生命不可分离，与自己的一生不可分离的。我们在社会上几十年，一直到现在，熏进了世俗社会的种种观念，很多的观念和标准在我们心里起了作用，内在又有一个自我意识在起作用，种种观念不能交融，它们在不断困惑我们。佛法就是让我们从这样的世界中超越出来，觉悟出来，知道现实生活中的种种事的起因是什么，它的缘由是什么；然后我们才知道怎么对待自己的人生，怎么对待与自己相关的人和事。把这些人这些事处理好了，我们整个人生就圆满了。如果我们学不好，走到哪里都跟人家闹矛盾，跟人家不和谐，跟人家过不去，那就麻烦了。比如两个人关系不好，常常说“你为什么老是跟我过不去呢？”实际上是你自己的心跟别人过不去，而不是别人跟你过不去。自己的这种心过不去，是指自己的意念过不去，所以我们常常讲“过意不去”——在自己的意识里过不去。但是我们还是会责怪别人，认为他跟自己过不去，其实我们只有自己跟自己过不去，没有跟别人过不去。自己跟自己过不去就是以自我为中心，一旦自我的这种障碍过去了，人就解脱了。

这些道理听起来很简单，但是我们能不能真正接受呢？很难说。即使接受了，过后也还会退化，今天我可以照着做，过一两天忘记了，又不接受了，这样佛法就又不起作用了。所以只有长时间不断地修习皈依的法门，我们才有办法，从“以自我为中心”向“以三宝为中心”转变，不然的话，要学好佛法是很难很难的，绝对是很难很难的。当然也不是说你学得越久就学得越好，那不一定。学得越久是不是表示你接受得越多？是不是表示你改变得越大？是不是表示你进步得越快？是不是表示你的生命品质提升得越高，越上层次？是不是表示你在为人处世，在生活工作中的状态越来越圆满？如果是，这样的状态才是对的；如果不是，就是有问题的。

希望所有在这里皈依的同修，能够真正在学佛的过程中有进步，能够真正体会到什么是佛法，不然的话，这座庙皈依一下，那座庙皈依一下，学了多少年你还是会很模糊的，甚至会很糊涂的，最后越学越不信，而不是越学越信，那就很麻烦了。所以皈依之后我们要参加庙里的活动，参与这些课程的学习，而不是像有些道场，你皈依了以后，一年到头不来庙里一次，甚至多少年都不来，一辈子都不再来，以致都忘了。基督教徒每个星期都到教堂里做礼拜，我们修行人每个星期都到庙里来拜一次佛，参加一场活动，这样我们才不会远离三宝。来与不来是完全不一样的，不能说心里有三宝就可以了，那都是理论上的，实际上有那么容易做到吗？

所以我们需要外在的规则，需要外在的程序，需要这个清净所缘的境界、广大的境界，来唤醒自己对三宝的虔诚心和信心，那样我们内心才有一种力量——三宝的力量，内心才真正有佛法，才不会变成内心只有佛法的概念。佛法的概念要变成佛法的实相，佛法的概念要变成自己身语意的行为，身语意的行为要能够改变自己在生活中的状态，并让这种状态越来越好，这样佛法才是有用的。

如果你有的只是概念，不能将它内化成自己身语意的行为，不能让自己的生命品质得到净化和提升，那这些概念在自己头脑里边就会出问题。比如有一个人说自己要去赚钱，可最后一分钱也没有赚到，那他就会越来越苦恼；你说你要去上学，但是你一直没有去学校上课，都是一个道理。所以，光有这些简单空洞的概念是不够的，弄不好还会起反作用。

就像我们佛教里边，有些居士学到最后，就跟常人不太一样了，都是因为脑筋中几个很简单的佛法概念把自己束缚住了。本来佛法是药，吃药是为了治疗我们的病，可是药吃下去，非但我们的病没有治好，还恶化了，这就是吃错了药，药起反作用了。反作用不是指起一半的作用，而是一直在起作用，那就麻烦了。

大家皈依之后，要慢慢去体会佛法的这些义理，慢慢去体会佛法在讲什么，佛陀告诉我们佛法的用意是什么，这个道场的宗旨是什么，为什么要跟随出家法师、僧团来用功，来落实佛法，用意是什么，为什么要这么做，如果不这么做会怎么样……要想得非常清楚，不然的话，自我意识就去不掉，你就很难真正得到皈依。皈依之后，大家要很认真地去学，不在于学多少，在于学到的都有用，这是最重要的。你学得再多，都没有用，最后反而离佛法越来越遥远。如果你学一句，就照着一句去做，那么佛法就会很实在。

今天皈依仪式结束后，大家就成为三宝弟子了，从今以后，要把三宝作为我们修行人生命的中心，多亲近道场，多亲近僧团，跟随同修道友修行佛法，用佛法来指导我们生活中的一切，把佛法融入我们的生命中，让自己生命的本质真正发生最根本的改变，并且能够越来越得到提升，成为一个对社会，对国家有用的人、有价值的人、有成就的人，并且让新人新事、自己的家人远离痛苦，得到快乐，能够生生世世远离痛苦，得到快乐，乃至尽未来际圆满成就佛果。

順境時牧心
逆境時放心
見行堂語
恭錄恩師上學下誠大和尚言教

見行堂語
恭錄恩師上學下誠大和尚言教
不快樂。通常是以自我為中心。退縮。無趣。與人敵對。反過來。快樂是比較喜歡社交。有彈性。有創意。而且更容易調整生活中的挫折感

看不起別人，看不慣
別人，看不上別人，看
別人不順眼，這都是
錯誤的，都是因為
自己內心有毛病，
是給自己
和他人帶
來痛苦的
原因。所以需要
修行，需要改正
見行堂語
恭錄恩師上學下誠大和尚言教

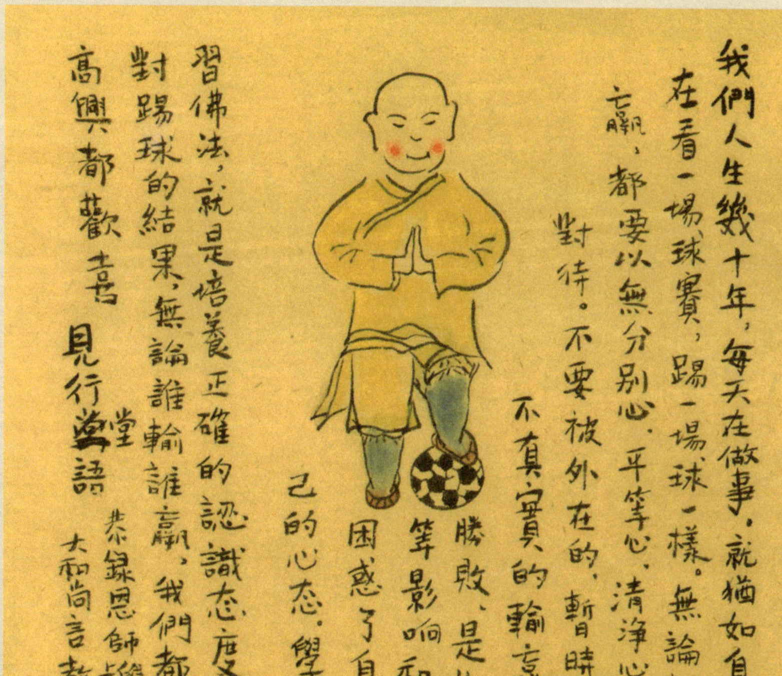
我們人生幾十年，每天在做事，就猶如自己
在看一場球賽，踢一場球一樣。無論輸
贏、都要以無分別心、平等心、清淨心去
對待。不要被外在的、暫時的、
不真實的輸贏、
勝敗、是非
等影响和
困惑了自
己的心态。學
習佛法，就是培養正確的認識态度。
對踢球的結果，無論誰輸誰贏，我們都
高興都歡喜
見行堂導語
恭錄恩師上學下誠
大和尚言教

愿你没有白白受苦

第2章

皈依学法的意义和目的

2010年5月21日

学诚法师在见行堂皈依仪式上开示

愿你没有白白受苦

今天是释迦牟尼佛的圣诞日，大家来寺院里参加“浴佛法会”，法会非常殊胜。释迦牟尼佛通过多生多劫的修行而悟道成佛。佛教是我们国家的五大宗教之一。佛教的宗旨就是引导我们，让我们成佛。佛教育我们，教导我们怎么成佛。

皈依怎样与成佛联系在一起？有很多人，皈依是皈依了，但是他没有想过自己能够成佛，没有将成佛与皈依联系起来考虑。大部分人皈依以后，觉得做好人、做好事，来世能够更好一点；受了三皈五戒，这辈子日子能够过得好一点——生活更体面一点，处境更好一点，条件更优越一点。他们都没有真正明白皈依的目的是什么，所以，这种皈依是一种低层次的皈依，而不是高层次的皈依。

皈依三宝，目的要非常明确，就是为了究竟成佛。皈依才只是第一步。怎么修行，怎么成佛，这个过程是很长的。人在尘世间，一天又一天过去，一年又一年过去，不知不觉岁数就大了，人就老了，死了。

在庙里常常听到什么人往生了，什么人病危了。人在病危的时候，都会比较向善，就要念普佛、助念，死了就要送往生。也就是说，人到老、病、死的时候，就比较着急。实际上，生死事大，生死的问题是人一生中最大的问题。到岁数大了，到老了，到要死了，你才来准备，就来不及了。在头脑比较清楚，还走得动路的时候，就应该开始弄明白，生从何来，死往何去，人的生命究竟是什么。这样，慢慢我们才能够明白佛法是什么。

佛法要我们从内心去体悟、去觉悟。外在的环境是时常变化的：气候环境在变化，春夏秋冬，白天夜里；人也在变化；事也在变化……一切都是变化的。我们的内心只有保持清明的状态，正念具足，有智慧，才有办法来观照、观察外在变化的环境、变化的事物。如果外在的环境一直在变化，我们的内心也一直在变化，那我们就观察不清楚。所以，我们的内心要有戒、定、慧的能力，才有办法对外境做很好的观照。这就需要我们学佛法。

学佛法，就是要我们建立起一个宗教观念。佛教的宗教观念，就是要我们成佛、成菩萨。我们知道有人生观、世界观，也有宗教观。佛教的宗教观念、佛教的宗旨是引导我们成佛，引导我们究竟远离痛苦，究竟得到快乐，它有“究竟”两个字。究竟离苦得乐，这是佛教的宗旨。

佛教引导我们成佛，离苦得乐，它有它的理论，也有它的教材。五乘佛法——人、天、声闻、缘觉、菩萨乘，就是理论，教材就是经律论。在宗教的实践方面，我们每天有功课，周末有学习班，平时有心得交流分享。学习久了的同修，还可以向我们出家法师请教。慢慢地让我们无序的生命状态变得有序，让我们没有目标、没有宗旨的生命状态，变成有目标、有宗旨的生命状态。

如果天天只知道工作、生活，我们就没有办法真正理解学习、工作和生活的意义。如果学了佛法以后能有所觉悟，那么我们在学习、工作、生活中都能够体会到佛法。一方面，学了佛法以后，我们能够用佛法来指导自己更好地学习、更好地工作、更好地生活；另一方面，在学习、工作、生活的基础上，从学习、工作、生活本身，我们能够体悟到更深刻的佛法。如果没有学佛法，学习只是在读世间的书，工作只是在劳动、在做事，生活也体现不出它的目的。有了佛法以后，我们生命的状态会发生改变，心里想的事情、嘴里说的事情、身体做的事情，每天的活动、每天的工作……所作所为，意义都是不一样的。

大家参加寺庙里的活动，就如做早晚功课、皈依等，内心是虔诚、安静、善良、平和的，不会有太大的躁动、太大的恐惧或者其他的不良情绪。皈依，就是让我们认识到人活在世上的意义，我们应该认识到皈依的目的，就是要成贤、成圣、成佛。此时此刻应该怎么做，以后应该怎么努力，怎么用功，路应该怎么走，这些都是比较具体的，也是比较重要的。照着寺院里引导的思路、模式，根据经典，我们平心静气、按部就班、有条不紊地认认真真学，一天又一天，不知不觉地，人就变化了，进步了。人的思想境界也在不知不觉中得到了提升。

人的心境决定人的处境，人的心态决定人的状态，人的思路也决定着人的出路。你的处境好不好，在于你的心境好不好；你的状态好不好，在于你的心态好不好；你的出路好不好，在于你的思路好不好。学佛就是要你养成一种很好的心境、很好的心态、很好的思路、很好的内心的起心动念，这些都是正知正见，都是善的力量。所以学佛法，归根结底，就是要培养内心的一种力量——善的力量。很多事情我们做不好，就是因为缺乏善的力量；很多事情我们不能持续地做，就说明善的力量不足。怎么来培养、成就自己内心这种善的力量？在寺庙里参加活动就是一种方法，一两千年来都是这么来提策大家，成就大家这种善的心、善的力量的。

通过虔诚的皈依之后，大家就是三宝弟子了。从今以后，大家都要认真地学习佛法。寺庙像一个学校，像一个家一样，佛家——佛教的家，佛教的大家庭。寺庙也像一个加油站，大家到庙里来加油，听听法，上上课，拜拜佛。同时，寺庙也是大家互相交流佛法体会的地方。

在学习佛法的过程中，大家可以针对在社会上遇到的种种问题互相讨论，这样就能够达到释疑解惑以及解除内心种种烦恼和我慢的目的。寺庙是一个很好的消除痛苦和烦恼的宝地。所以，来到庙里学习佛法，时时刻刻都要把握住佛教的宗旨和我们生命宗旨的一致。佛教的宗旨是引导我们成佛，我们的生命宗旨也是要学佛、成佛，这样，我们皈依学佛的宗旨和佛教的本义或者宗教的本质、释迦牟尼佛出世的本怀都一致了。佛不是要解决我们眼前的一些小事情，他要解决的是我们生命的大事——生死大事。所以，学佛法也是一样，把握住宗旨，牢记宗旨，这样我们才不会迷惑，才能够学到佛法。以此与大家共勉！

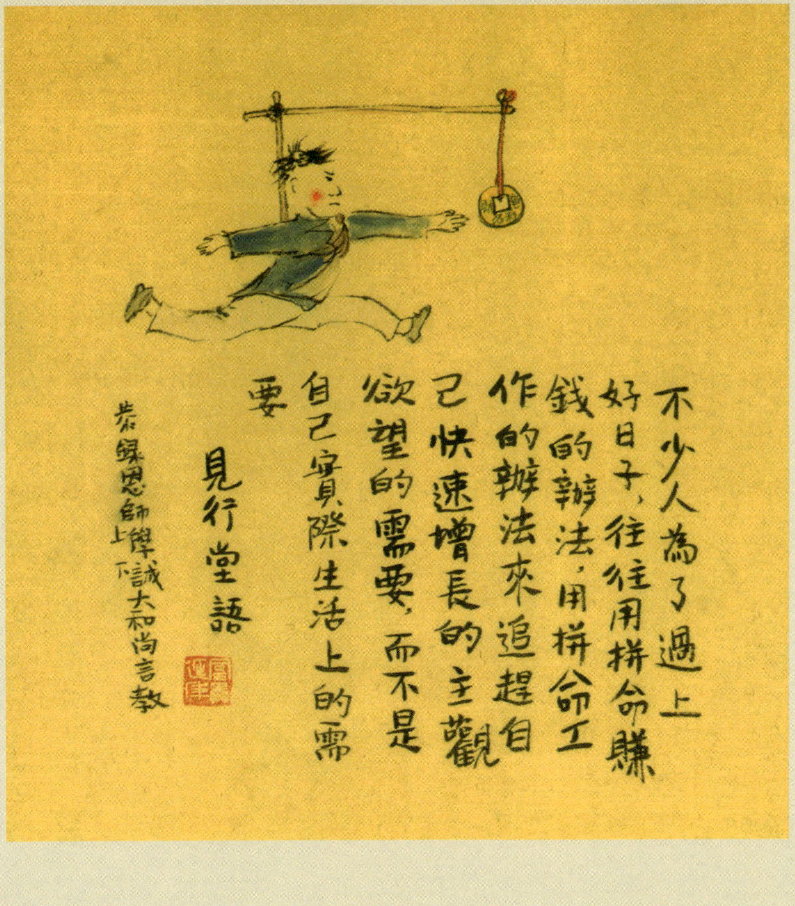
不少人為了過上好日子，往往用拚命賺錢的辦法，用拚命工作的辦法來追趕自己快速增長的主觀欲望的需要，而不是自己實際生活上的需要
見行堂語
恭錄恩師上學下誠大和尚言教

如果我們眼睛有病，或者眼花了，就會看見眼前有花朵、
有兩個乃至更多的月亮等這樣的幻影。等眼病好了、
或者揉一揉，眼睛不花了，就看到了真相，實相。我們
的人生也是如此。如果把眼花的時間拉長。從幾十
秒、幾分鐘，拉長到幾年、幾十年、幾百年、幾千
年。世界和人生已是天翻地覆。變化即無常。在這個
變化過程中，我們認識到無常和虛幻。正因為無常變
化所以我們可以改變和把握人生
見行堂語
恭錄恩師
上學下誠大和尚言教

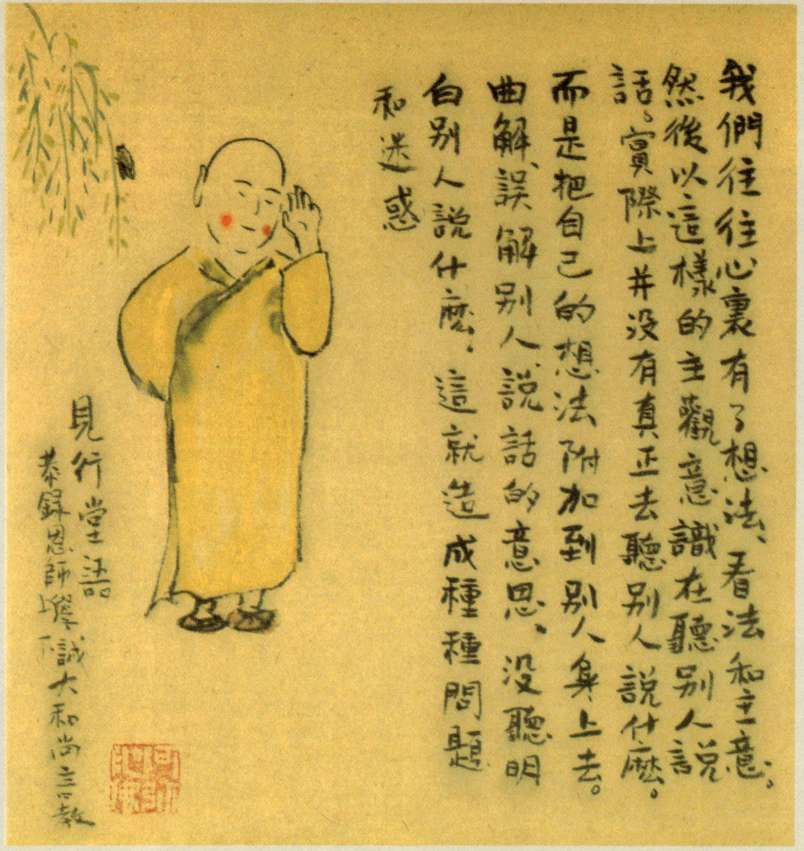
我們往往心裏有了想法、看法和主意，
然後以這樣的主觀意識在聽别人說
話。實際上并没有真正去聽别人說什麽。
而是把自己的想法附加到别人身上去。
曲解、誤解别人說話的意思、没聽明
白别人說什麽。這就造成種種問題
和迷惑
見行堂法語
恭錄恩師學誠大和尚言教

我們生活得有局限、不自在、不自由，就是因為自己包裝自己，在內心裡設置了一個形象，然後傾盡一生去追求這個形象。外在的表現在穿着、化妝打扮等，內在表現在言語活動、舉止笑談等等。表面上看，這也沒什麼，但是從更深刻的內心的細微煩惱的角度看，就有問題和麻煩了。因為如果看到比自己還會包裝的人，自己心裡就會難受，或者看到從不包裝的人，心裡也會難受

見行堂語

恭錄恩師上學下誠大和尚言教

愿你没有白白受苦

第3章

皈依三宝，开发戒定慧

2011年1月1日

学诚法师在北京龙泉寺元旦法华法会皈依仪式上开示

愿你没有白白受苦

皈依，皈依三宝——佛宝、法宝、僧宝。皈依佛，两足尊；皈依法，离欲尊；皈依僧，众中尊。

佛，福德智慧圆满，我们皈依佛，就是希望能够达到佛的福德智慧圆满的境界。我们既要有福报，又要有智慧；既要有智慧，又要有福报。如果一个人智慧很大，但是没有福报，那他的生活就会很苦，各种条件就会非常缺乏。一个人如果非常有钱，非常有福报，拥有很多很多的财富，但是没有智慧，他一样会痛苦。福报和智慧是缺一不可的。佛的智慧和福报都圆满，他是一种境界，是人生的最高、最圆满的一种境界。这种境界是每一个人都需要、每一个人都要追求的，所以要成佛，佛是这种境界的代表。

皈依法，离欲尊——欲望的欲，贪欲的欲。我们世间种种的问题，战争也好，纷争也好，斗争也好，人世间——社会的、自然的、个人的、家庭的、单位的、学校的……所有问题的发生都同人的烦恼有关系，同人的贪欲有关系，同人的嗔心有关系，同人的痴心有关系。所以皈依法的目的，就是要来对治我们以贪欲为主的各种各样的烦恼。佛法和世间法、佛法和佛学不同的地方就是，皈依法能够对治我们的烦恼，调伏我们的烦恼，使我们的烦恼熄灭。如果我们的烦恼多了，烦恼炽盛，烦恼没办法得到调伏，就说明佛法学得还不够，学得还不好。所以一个人佛法学得好不好，就看他烦恼心强不强——如果烦恼心很强，烦恼很重，就说明佛法学得不好；如果烦恼很少，最后烦恼都没有了，就说明佛法学得好。一个人懂得很多很多的佛学的知识，不等于说他佛法学得好。我们是要在庙里学佛法的，在学校里只能学习佛学知识。只学佛学知识，比如一个佛学博士或者一个佛学教授，他虽然懂得很多很多的佛教原理，但是不能对治烦恼。我们到庙里来皈依，来学习佛法，就是要调伏烦恼。皈依法就没有烦恼。

皈依僧，众中尊。僧，就是一个团队。4个人以上名为僧，4个人、5个人，乃至无量的众生，乃至无量的个体，名为僧。皈依僧，就是要把我们的生命个体，同许许多多的出家法师、许许多多的人连成一体，打成一片；就是要向法师，向佛陀学习智慧、悲心、愿力以及调伏烦恼的方法，调伏烦恼的能力。人在这世间不能孤立地存在，要同很多人相依共存。

缘起的世界，缘生的世界。那些同佛法有缘的人，都会得到佛法僧三宝的摄受，他有这种力量来摄受众生。但是我们也需

要发心、皈依心，如果没有这种皈依心，就不容易感受到三宝的力量对我们的摄受。我们皈依三宝，皈依僧团，皈依团队，前提就是要把我们的烦恼，我们的主观，我们的傲慢，我们的习气，我们种种的非理作意，我们种种的成见，我们种种对立的情绪放掉，这样才有办法皈依。如果我们不把内心种种固执、种种成见放下来，不把它们去掉，那么佛法是很难学进去的，皈依心也很难生起来，而只得到了一些世俗的概念，这是不行的。

皈依心有了，信心有了，也就意味着我们的烦恼放下了，我们的烦恼淡化了。我们每个人的烦恼都是很顽强的，必须不断培养和熏习对三宝的皈投依靠的心，对三宝希求的心，对三宝忏悔的心。这样，我们内心的智慧、光明，才会越来越显发，人就会越来越调柔，烦恼就会越来越少。调柔，就是调伏烦恼很有能力。调柔的人，不是软弱的人。软弱和调柔是不同的，软弱可欺，他没有什么办法；调柔呢，他有力量来面对一切境界。

我们皈依三宝，就一定要学习经律论，要开发戒定慧。戒是什么呢？戒，就是我们的行为规范，我们好的行为习惯。学佛以前，我们很多行为习惯、习性是不好的，通过皈依三宝，通过学习戒律、学习经典，通过佛法义理的熏陶，我们能够深入闻思修，在日常生活中一天天培养很好的习惯。我们内在要有很好的佛法的等流，外在才会有很好的行为习惯。所以戒律不是用来束缚我们的，而是让我们行为越来越规范，帮我们养成越来越好的习惯。这种好的习惯，对我们的一生，对我们事业的成功，对我们学习佛法的圆满，都是很重要的。

比如，我们一天24个小时：8个小时生活，8个小时工作，8个小时修学佛法。有些人一天都在拼命工作，工作10个小时、12个小时、15个小时，乃至20个小时，最后把自己的身心都损害了，自己的家庭也会发生问题。这就是说，超负荷工作并不是一个好习惯。有些人一天到晚无所事事，什么事也不做，这也不是一个好习惯。天天优哉游哉，天天游荡，好像总是想做什么大事，结果大事没有找到，小事又不愿意去做，一直在浪费时间，这也不对。

有些人认为，在学校里才是学习，现在毕业了，不用学了，这也是不对的。有些人不明白生活的意义，认为吃饭、睡觉、穿衣就是生活。生活，就是我们的人生，人的生活；生活就是人与人的接触，比如你跟家人，跟单位里的人，在寺庙里跟各个部门的义工的接触。法会期间，大家在一个佛堂里，在一个寮房里，怎样很好地相处，这就是我们生活的一部分。这种能力、方法以及智慧的培养和获得都是很重要的。

有时候身边有些人，会让我们觉得很厌恶，我们不愿意跟他们在一起。我们有时候就觉得，自己只喜欢跟谁在一起，或者跟哪几个人在一起。但是世间的种种都是无常的，人都是在变化的。我们需要不断告诫自己：不管是跟什么人相处，都应该够把自己的智慧、快乐分享给他人，同时在此过程中学会与他人相处，即学会相处之道。在相处的过程中增长我们的欢喜心，培养我们的功德，获得我们的快乐，这就是生活，这就是佛法。

工作也是一样。人活在世上，必须要去工作，这样才会有收入，才能养家糊口，才能活下去。工作本身也是在利益他人，无论当老师，当工人，当农民，当企业家，这些不同职业的工作，都是国家、社会的不同的分工。大家都要去工作，这本身就是很好的分工与合作。我们要认真地工作，不管做什么事，都认认真真，一丝不苟，善始善终，敬职敬业，这就是佛法。

还有8个小时的学习，学习世间的知识、出世间的知识，学习世间的文化，还有佛法。我们现在不能很好地规划自己的人生，规划自己的未来，对未来很迷茫，没有方向感，就是因为不能很好地规划自己一天的时间。一天的时间我们都规划不好，一个星期、一个月、一年、一生，就更加难以规划。每个人一天都是24个小时，为什么有些人很有成就，有些人却碌碌无为？有些人对人生充满希望，心情愉快，有些人却非常苦恼，天天在埋怨，情绪就有这么大的差别？就是生活习惯和生活规划不同。我们皈依三宝，学习经律论，需要戒定慧，就可以培养很好的生活习惯，制订很好的生活规划。

什么是定呢？定，不是说我们把眼睛闭起来，把耳朵塞住，什么事也看不到，什么话也听不到，什么念头都没有，这只是初级阶段，还不是真正的定。定是什么意思呢？不为外在的种种境界所动摇，这才是定。人家说你一句好话，飘飘然；人家说你一句坏话，暴跳如雷，这都不是定的表现。定，内心是非常清明的，你听到、看到、接触到什么境界，内心都了了分明，知道是什么意思，不为外在的境界所动摇，不为外在的境界所左右。人有分别心，有贪嗔痴，有烦恼，一看到、一想到这件事情对自己有利，就可能把自己对佛法的宗放弃了；一想到这件事情对自己不利，就可能不坚持自己的正见了。所以我们容易在很小的利益上，乃至一些不是佛法的功德、不是佛法的利益上去努力，去坚持，误以为这就是佛法，这样我们内心就不会有定。如此，不管在单位，还是在寺庙，安排你做工作，你非常容易挑剔——我一定要做这件事，比如一定要洗碗，或者一定要洗菜，或者一定要扫地——产生种种分别心，不能很好地跟别人合作，不能很好地接受别人的安排，这就说明我们内心没有定。

如果能坚持内心的宗旨，那么在一个单位里，组织安排自己干什么事情，自己就认认真真、老老实实地去做，这样的人以后就会有成就，能够很快成长。但是人往往喜欢贪小便宜，喜欢不老实，而不喜欢脚踏实地去做。目标一直在动摇，做一件事情有头无尾，草草了事，这是没有定力的表现。有定力，我们所有的菩萨行，我们所有的菩萨的大愿，最后才能够实现。所谓定就是遵照佛法的这些标准，持之以恒，不为外在种种的五欲八风、顺境、逆境所动摇。

慧是什么意思呢？慧就是判断力。一个人对什么事情都模棱两可，对什么事情都没有态度、没有意见，不知道怎么办，这就是没有智慧的表现。有智慧的人，内心非常明利、清楚，看事情看得非常准确，做事情就不会含糊，就会非常有序。我们很多事情看不清楚，很多话说不清楚，就是因为我们的思想很模糊，见解很模糊。思想不清明、不清晰，所以语言就不清晰，行动就不清晰。为什么会不清晰呢？就是因为常常患得患失，总在想这话说出来别人会怎么看我，从小到大、自始至终，隐瞒自己的观点，不敢说，这样就越来越愚痴了。这都是不对的，有智慧的人是不会这样的。

所以在日常生活中，遇到困难的时候，我们很容易就会想：哎呀，这个时候我要去找某某人。为什么呢？因为某某人会给我们帮助，某某人不会隐瞒自己的观点，他会就说会，不会就说不会，他有能力就直接帮我们，他能力如果不够，就会帮我们想其他办法。没有这种习惯的人，我们就不会去找他，因为找他没有用。这在日常生活中我们是能够看到的。我们如果有很好的习惯，并能够长久地坚持，自然就会有智慧，就知道怎么办。这就是戒定慧。

佛法讲度众生，六度万行。大乘菩萨都是六度万行，布施、持戒、忍辱、精进、禅定、智慧，即六度。度，就是一个渡口，就是一个过程。海里也好，河里也好，都有码头，都有渡口。六度就是6个码头、6个渡口，布施是一个码头，持戒是一个码头，忍辱是一个码头，精进是一个码头……一直到智慧。从哪个码头上船，然后到彼岸，这是非常重要的。这就意味着，我们在修行的过程中，对于此刻处在什么位置，我们是用什么法，我们是修什么心，我们是什么状态，我们的船已经到什么地方，都要非常清楚。对于学佛法的境界，应该是怎样的一个境界，我们能受益多少，也要非常清楚。不能说我们学佛法学了很多年，结果对这些都还不了解。要知道佛法里边的每一个法相、每一个道理，在我们日常生活中都能够对照，都能够体验，都能够落实，并不是高不可攀、可望而不可即、不切实际的玄妙概念和理论。佛法能够根据我们不同的根基、不同的程度以及所处的不同环境，告诉你，要求你，帮助你从正确的码头上岸。

这些都是我们要去学习的。我们要在寺庙里按部就班地与这些同参道友、同行进行交流，慢慢来感受学习佛法的快乐，学习佛法的喜悦，学习佛法的力量。我们要不断培养、策励对三宝的希求心，包括对法的希求心，这是很重要的。希求是什么意思呢？比如一件好东西——一件非常贵重的礼物，一本非常好的书，一件非常好的古玩，等等，大家想得到，想拥有，那么他就会有希求心。宝嘛！一个人如果对宝没有希求心，就有问题了。一个人如果对世间种种好的境界没有希求心，就不可能成为一个很好的人。在佛门里也是一样，一个人如果对佛门里边这些好的境界没有希求心，就不可能成为佛门中有成就的人。这些道理都很容易明白，但不容易做到。正因为不容易做到，我们才要经常去提策，经常去鼓励，经常去串习，慢慢慢慢才能将它付诸行动。

我们今年修学的主题就是“莫向外求，辗转增上”。莫向外求，就是一切我们都要在自己内心开发，开发我们内心的宝藏，福德智慧的宝藏。辗转增上，什么意思呢？在运用佛法的过程中，你越是帮助别人，就越是容易进步。帮助别人自己不会吃亏，反而会进步，这就是辗转增上的道理。互相帮助，大家都进步；不帮助别人，你就容易原地踏步，容易落后。我们要有这样一种发心，有这样一种见解和认识，互相帮助，共同促进，大家都容易进步。以此作为给大家的新年祝福。

西單
我們一天當中要面對的，要接觸的人、事物非常多。我們只有培養出了能夠很好地回應這些境界的能力，我們的內心才能保持如如不動，不動搖、不為外在的環境影響和左右
見行堂語
恭錄恩師上學下誠大和尚言教
佛

學佛如同安裝電腦系統，
先要將心裡低級的、染
污的、病毒的軟件
清理干淨。
然後清
淨的、高
級的才
能安裝
進去，正
常運作
見行堂語
恭錄恩師上學下誠大和尚言教

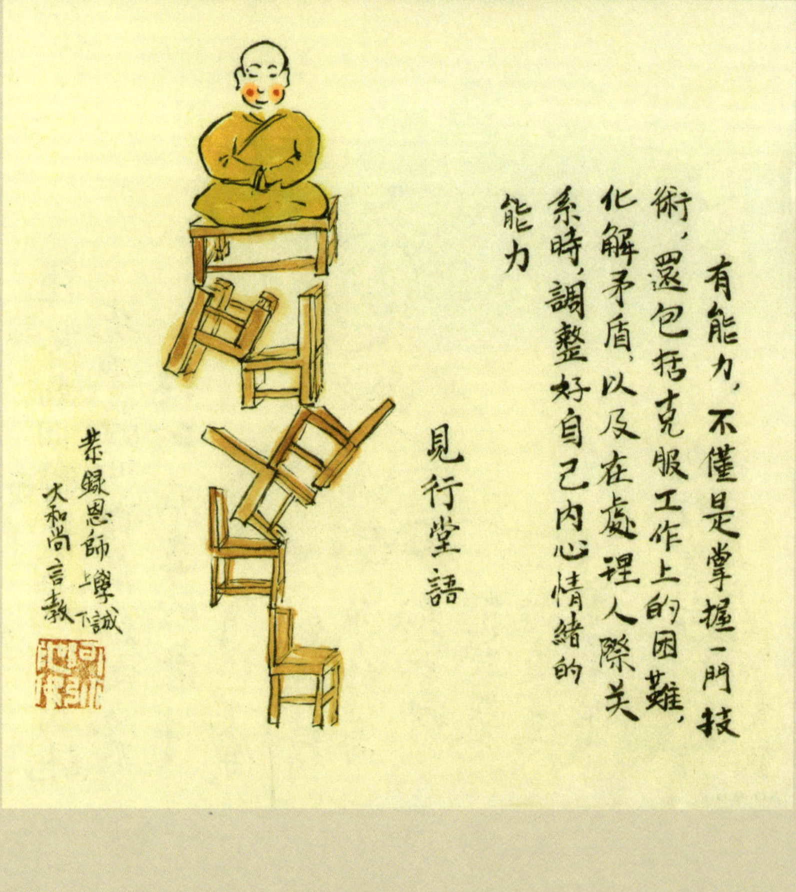
有能力，不僅是掌握一門技
術，還包括克服工作上的困難，
化解矛盾，以及在處理人際关
系時，調整好自己内心情緒的
能力
見行堂語
恭錄恩師上學下誠
大和尚言教

當我們看到別人有很多問題的時
候，我們就要反觀自己，要問自己，
我自己為什麼會有這樣的想法、
這些想法是怎麼出來的。
見行堂語
恭錄恩師上學下誠
大和尚言教

愿你没有白白受苦

第4章

让生命觉悟起来

2010年2月19日

学诚法师在五观堂皈依仪式上开示

愿你没有白白受苦

对于皈依，很多人不是很理解，认为到庙里皈依，好像是皈依泥菩萨，或者是木雕的菩萨而已。实际上，我们要皈依的是三宝——佛宝、法宝、僧宝。木雕和泥塑的佛像代表佛，藏经代表法，出家人代表僧。所以我们皈依佛、法、僧，而不是皈依泥菩萨或者皈依经本。

大家在社会上读了很多书，在社会上工作，尤其受到进化论的影响——“物竞天择，适者生存”，所以都在拼命竞争生存的空间、发展的空间，让自己的生活越来越好，在社会上活得越来越体面，地位越来越高，财富越来越多。这是社会上所有人的一种生活方式，是我们生存、生活的一种状态，一种目标。西方也好，东方也好，大家都是如此。

佛教要告诉我们怎么生存，怎么活，活的意义是什么。这就跟人的生命有关系。佛教讲因果，人有前生，有来世，有生死。每个人有生就会有死——生、老、病、死，那么人死了以后，还有没有呢？你们相信不相信人死了以后还有来世呢？佛教就是要解决这些问题——有关生死的问题。

佛教讲的生死有两种：一种是变易生死，一种是分段生死。变易生死，是说我们心的心念不同，此时此刻这么想，过一会又那么想；前面一个念头，后面一个念头。变易，就是变化。分段生死，就是说我们在一个阶段一个阶段地生死。比如一个人活了80岁，实际上，在无限生命的过程中，在这80年以前他存在，在这80年以后他也存在，那么这八十年在他的这个没有头没有尾的生命过程中只是一段。80年，一年12个月，一个月30天……就是说，生命可以分成一个一个的阶段，每一个阶段都不同，这都是生死。这个阶段过去了，下一个阶段又来了，少年、青年、中年、老年，生、老、病、死，这些是人生的规律、人生的现象。

为什么人会老、会病、会死？这是有道理的。学佛法就是要来明白这些道理，而明白这些道理，是为了让我们做个好人，做个有觉悟的人。佛就是觉悟，大彻大悟，觉悟圆满。我们现在还没有觉悟，觉悟得不够，需要一点点地觉悟。我们迷惑很多，烦恼很多，问题很多，所以我们活得不自在，障碍很多，痛苦很多。

所以我们到寺庙里来，皈依三宝，就是要让自己觉悟。我们现在犹如睡觉，糊里糊涂的，什么都不知道。眼睛睁开，按理说对眼前的东西就能看得清楚，但是我们虽然眼睛睁开，因为头脑里、心里烦恼很多，所以还是没有智慧，没有真正意义上的觉悟。佛是觉者，是觉悟的人，但不是神，跟神不一样。觉悟的人觉悟什么？觉悟无常，觉悟无我，觉悟缘起，觉悟我们怎样从凡夫的境地进入圣者的境地。

大家在家里也好，在单位里也好，常常会遇到很多不如意的事，会遇到很多麻烦的、困难的事。不称心如意的境界非常多，让自己心情舒畅的事情不多；让自己苦恼的事情很多，让自己快乐的事情不多。

学佛法的目的，就是得到觉悟。觉悟就是用佛法的智慧来观察世间的一切，包括观察自己家里的人、单位里的人，以及家里的事、单位里的事。自己所做的一切，都可以用佛法来观察，用佛法来观照。

今天为什么会有这么多人在佛堂里受皈依？是因为大家发心要来皈依；我们寺庙里的法师、义工发心要来办皈依的法会；我今天也有时间，也是发心来为大家授皈依……众缘和合，所以你们就得到了皈依。得到皈依，是不是外在的神主宰的？不是神来主宰，而是因为你自己发心。你如果不发心，就参加不了法会；你不来到庙里，你不报名，也参加不了。很多人认为世间的一切都是神在主宰，这不是佛教的说法，佛教说是因为自己的发心。这个皈依法会的举办也有种种的因缘，刚才我已谈到，缺一不可。这些因缘要具足，才会有这样一场法会，包括这些法器、设备、经本等，都不是无缘无故的。所以佛法不同于世间法，不同于其他宗教的说法，不是说世间万事万物的发生、存在、灭亡有一个神在主宰，也不是说是无缘无故的，都是有条件的，有因缘的。

一切都要从因缘来观察。人的关系不好，就是因缘不好；人的关系好，就是因缘好。但是世间一切都是无常的。比如，现在皈依，大家听得非常专注，受益很大，非常快乐、安详；一个小时过去了，大家就散了，你走你的，我走我的，他走他的，各自回到家里，这就是聚和散。世间一切都是聚和散：这栋房子，由钢筋、水泥、砖头、木头聚合而成，一分散，材料各不一样。人也是一样，也有聚和散。聚和散就是因缘。

我们怎么来认识和对待聚和散的这些现象？我们从中要悟出什么道理呢？我们要想到，聚和散是相对的，有聚就会有散。如果你认为，反正一个小时以后，大家都要分散，都要回家，都要各走各的，所以不用认真，马马虎虎，一个小时也就过去了。或者你在单位上班的时候，有的人自己虽然看不惯，但认为反正下班后就见不到他了，或者说一年以后就见不到他了，那么这个认识就有问题。你在这里、在单位里、在家里，你知道这个人、这件事是缘起的，会散，才会意识到聚的重要性，聚的价值、作用、意义以及它带来的快乐。你认识到散很苦，聚合的时候才会感受到这些。这就是人对事物认识的角度问题。

学大乘佛法的人看到太阳升起来，认为今天自己又有一天的生命可以做事，可以用功，可以修行，可以工作，可以学习，等等；小乘人看到太阳落下来，认为又少了一天。每天看到日落西山，就想着生命又少了一天，这样人就会悲观；如果每天都觉得又多了一天，人就会越来越乐观，越来越积极。

我们为什么需要皈依呢？就是要跟三宝学习认识问题的角度、认识问题的方法，使我们内心真正有这种心灵的依托、心灵的依靠。人往往是拿不定主意的，一天到晚、一年到头都拿不定主意，尤其是遇到大的事情时，往往六神无主，不知道怎么办好，内心很焦灼。

佛法是释迦牟尼佛觉悟出来的，多生多劫修行觉悟出来的，是觉悟的人的生命经验。这些觉悟人的生命经验经过一代又一代法师的传递，传递到今天。所以我们都是在传递、传播觉悟人的生命经验以及认识问题的方法和角度。我们如果没有皈依，没有真正下决心去学，就不容易得到，不容易把佛法学好。学不好，我们就容易迷信。佛教里常常听到慈悲、智慧，我对你很好，是慈悲；给别人快乐，去除别人的痛苦，是慈悲。大乘佛法讲的就是慈悲。首先要对自己慈悲，有慈悲心，然后才能对别人慈悲。对自己怎么慈悲呢？如果没有慈悲心，肯定没有慈悲，一天到晚苦恼，怎么会有慈悲呢？我们只有对自己真正慈悲了，慈悲心生出来了，才有办法对别人慈悲。

皈依不是念完皈依仪轨，大家拿着皈依证回去就行了的。皈依是学佛法的第一步，就是在寺庙里注册了而已。拿了皈依证，就是我们注册了学籍。下一步呢，就要在一起学习，互相交流，学习怎样运用佛法让自己的人生越来越庄严，让自己的事业发展得越来越好，把自己家里、单位里的事情处理得越来越圆满，使社会越来越和谐；学习怎么样把佛法运用到日常生活中去，怎么样来提升生命的境界，怎么样来充实自己生命内在的力量，怎么样给自己充电，这些都是非常重要的。所以，不要以为皈依以后，拿了皈依证，我们就是佛教徒了，就够了，这远远不够。我们要学的佛法的内容是非常多的，内涵是非常丰富的。我们要一步步不断改变自己很多的世间习气，来逐步学习佛教里这些圣者的觉悟的方法、生活的方式、思考的方式。

如果我们天天迷茫，就说明佛法没有学好；如果不知道怎么做，也说明佛法没有学好；如果与别人的关系没有处理好，还是说明佛法没有学好。佛是觉悟，觉悟就是不迷茫，非常自在、笃定、镇定，有方向感。法就是规范、规律、轨则，知道做什么，知道怎么做。僧就是和合，众缘和合。众缘和合，才能够成办大事。要知道众缘是什么，事情做不好，做不成，是欠缘，缘不够，所以我们需要广结善缘，广结善缘才能众缘和合。我们首先要体会到缘对自己生命的重要性，对自己事业成功的重要性，对自己修道的重要性，这样我们才会去珍惜。

出家法师、同行道友、寺里的义工，包括社会上的芸芸众生，乃至器世间的一切都是外缘。我们对外缘真正生起一种感恩的心，认识到外缘对我们的帮助，对我们的作用，对我们成就的意义，真正认识到它的重要性，我们才会去珍惜。但是长期以来，我们都是以自我为中心，总是认为自己是最重要的，“我”是最重要的。但自己有太多无常了，自己是变化的，是分段生死中的一部分。80年、100年，36000千天，每一天都是你今生的一个阶段，你老认为今天这个阶段的“我”是最重要的，明天那个阶段的“我”是最重要的，实际上你是生活在内心的一个虚幻的概念中。

今天你很重要，是因为今天你跟很多高人在一起，跟很多大善知识在一起，跟佛菩萨在一起。如果今天你是一个人，躲在

一个房间里睡大觉，就显示不出你重要还是不重要了。重不重要是说我们跟什么人在一起，跟多少人在一起，去做一件什么样的事情，这件事情重不重要。比如你在读一本佛经，或读一本圣贤书，读得心领神会，心开意解，痛快淋漓，有了觉悟，那么此时此刻，对自己来讲就非常重要，因为自己得到了觉悟。如果不读书，不用功，人就堕落得很快，学过的东西在内心就不起作用。所以天天都要熏习，就如我们天天都要吃饭一样，如果不吃，身体就会吃不消。我们修行用功也是如此，学佛法也是一样，只有每一天都得到熏陶，凡夫的习气才会慢慢去掉，觉悟的能力才能够慢慢得到增强。

皈依的意义是让自己的生命觉悟，而不是说自己皈依的是木头——我们不是皈依佛像，是皈依佛；我们不是皈依经本，是皈依法。这些都同自己的生命联系在一起。如果皈依以后感受不到佛跟自己的生命有什么联系，法跟自己的生命有什么联系，出家法师跟自己的生命有什么联系，那么我们就没有皈依，就没有在真正意义上皈依。

最后祝愿大家能认真学习，认真实践，学修进步，福慧增长！

我們發現了自己的問題、煩惱
才是修行的開始，否則無論
做什麼，都是心外做功夫，心外
論法，心外論道
見行堂語
恭錄恩師上學下誠和尚言教

思路决定出路
格局决定结局
心态决定状态
見行堂語
恭錄恩師上學下誠
大和尚言教

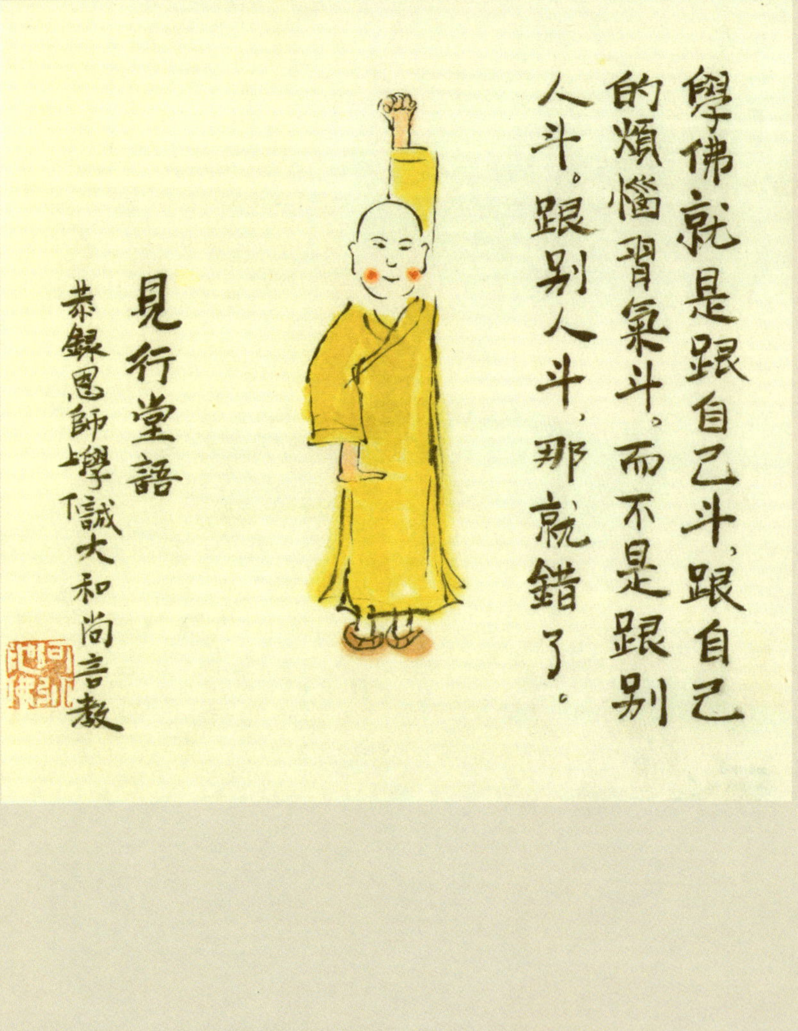
學佛就是跟自己斗，跟自己的煩惱習氣斗。而不是跟別人斗。跟別人斗，那就錯了。
見行堂語
恭錄恩師上學下誠大和尚言教

什麼叫作「我」？就是我們人種種的觀念、形象、行為、業力、聚集在一堆，假名為「我」。分析下去就是色、受、想、行、識假合的。我們把假合的「我」當成實在的「我」，就是問題所在
見行堂語
恭錄恩師上學下誠大和尚言教

愿你没有白白受苦

第5章

人生的三要三不要

2010年7月22日

学诚法师在第五届“法门之光”福慧营开示

愿你没有白白受苦

一座城市先要进行城市规划，然后才能去建设。人的生命也是如此，先要做好规划，然后一步一步去做。规划与建设的前提是认识人生，对自己的生命有所认识。人世间的痛苦就在于我们追求的东西是错误的，得到的东西也是错误的。如果我们追求的东西是正确的，得到的东西也是正确的，就不会痛苦。所以，我们的痛苦是自己造成的，不是别人给予的。婴儿一出世就哭，为什么哭呢？因为痛苦。人死了以后也要哭，但人死了以后不是自己哭自己，是别人哭自己。这些都是痛苦的。

佛法不是迷信，佛法也不是高高在上、高不可攀的境界。佛法告诉我们，怎样从人的角度，从人的基础，一步一步向佛的境界走去。佛是大彻大悟的，我们一步一步朝这个方向去努力，让自己的生命品质越来越高，越来越清楚地认识到自己到底是什么，生从何来，死往何去，生命的本质究竟是什么，我们要怎样过好这一生，怎样给这一生做很好的规划。

规划好自己的一生，要注意几个问题：自己与自己的关系，自己与别人的关系，人与环境的关系。自己与自己的关系就是自己追求的东西要正确，要学会调伏自己的烦恼，克制自己的情绪。人与人之间的关系主要有3条，与自己的关系也主要有3条。自己与自己的关系处理好了，自己与别人的关系处理好了，自己与环境的关系处理起来就比较容易。

对待他人：

第一，不要拒绝沟通。沟通不是把你的观点强加给别人，取代别人的看法，沟通是为了缩短彼此之间的距离。对一件事情，你有你的看法，他有他的看法，第3个人也有第3个人的看法，第4个人、第5个人、第6个人、第10个人、第100个人……都有各自不同的看法。通过沟通，你才会知道别人为什么会那么想；反过来，别人也才能够理解你为什么这么想。所以沟通是没有前提的，沟通是没有条件的，沟通是平等的，沟通是必要的。如果我们不会沟通，在与人的互动过程中，我们的意思就不容易被别人领会，我们也很难去准确地理解别人的意思，这就造成了误会。我们很多很好的想法别人不能理解，自己也很难理解别人很好的想法，这样内心就会产生障碍，就会产生问题。我们的学习、工作、生活中出现许许多多的难处，往往就是缺乏沟通、沟通不善巧造成的。

第二，不要排斥别人。就是说内心不能排斥别人，因为他们跟自己的生命是息息相关的，排斥别人就是排斥自己。排斥别人，自己就没有生活的空间。在社会上，与别人接触久了，就会有矛盾，有隔阂，有问题，有障碍……大家就互相排斥，互相排斥再往下发展就是斗争。各种各样的问题，都是人与人心里互相排斥造成的。如果我们没有这种作意，矛盾就会比较少，这些问题也就没有了。

第三，不要自以为是。我们常常自以为是，觉得自己的想法是对的，别人的想法不如我们。过了一个小时，觉得自己的想法是有问题的；过了1年、2年、3年，觉得之前自己的想法很幼稚；过了5年、10年、20年，可能就更是如此了。长期以来，我们一直活在自我意识中，需要拥有丰富人生经验的人指导我们，帮助我们，这样我们才能走好人生的每一步。走路也好，开车也好，世界上的任何一件事、任何一项工作都需要经验指导。我们整个人生的道路、我们的修行、我们生命的提升，同样如此。如果我们总是自以为是，就不容易虚心地接受别人的指导，就不容易虚心地接受别人对我们的帮助。我们很容易认为，愿意听的话、喜欢听的话，我们才听；不愿意听的、不喜欢听的，就可以不听。但是有时候情况恰恰是相反的，什么意思呢？可能有些话我们不喜欢听，我们不愿意听，实际上对我们，对我们的一生是真正有帮助的，恰恰是我们最需要的。好比生病吃药，医生给我们配的药，即使不喜欢也还是要吃，不吃病就好不了；而自己买的药，如果不对症，吃下去还会有反作用。所以在沟通中不要排斥他人，不要自以为是。

对待自己，也有3条：

第一，要学会自尊。现在的人缺乏信任，缺乏信任的原因是缺乏信仰，缺乏信仰的原因是缺乏自尊心。自尊心就是自己尊重自己。自己怎么样来尊重自己？作为一个人——一个学生、一个员工，我们心中时刻有一个标准，照着标准去做，就容易培养出自尊心。比如一个中国人出国，别人说中国不好，他就会生出自尊心，就会意识到国家的尊严。大到国家，小到学校、单位，都是这样。人家说你这个学校的学生不好，你也会生出自尊心；说你这个单位某某人不好，你也会生出自尊心。有自尊心，才有办法区分善恶是非。人如果没有自尊心，就没有善恶标准；没有标准，就没有能力来分辨，黑白不分，是非不分。

所以对自己要有自尊心，要学会自尊。

第二，要学会包容。佛教讲慈悲，中华传统文化讲包容。为什么大地能承载一切？它有这个能力来容纳一切好的和不好的。我们也要有广大的包容心，无论别人怎么对待我们，我们都可以包容。人生不会一帆风顺，也不会一直都是上坡路，或一直都是下坡路。人生的道路有上下坡，有平直的路，有拐弯，有高速路，有铁路，还有航道。每个人都在走一条路，不同的人，其爱好、追求都有相同的地方，也有不同的地方。我们的心要包容别人，别人这么想有他的道理，别人这么做有他的道理，别人这么对待我，也有他的道理，等等。这样我们就不会那么痛苦，我们的境界就能得到提升。

第三，要学会思考。思考很重要，没有经过思考而得的答案，很有可能是错误的答案；如果不会思考，就会偏离出发点，得出的结论就有可能是错误的。用佛教的话来讲，“正思维”——正确的思维模式。一个模式有问题了，整个思维都有问题。佛教讲闻、思、修，听到佛法后就要思考，思考后得到的结论才去行，而没有通过思考而得的结论，是没有力量的。通过正确的思考后，我们做事情时内心就清清楚楚，非常光明。我们待人接物，与人接触，所作所为都非常清楚，这是通过正确思考后的行为。如果没有经过正确的思考，每天无所事事，人家做什么你跟着做什么，人家让你做什么你就做什么，一天下来没有一个明确的目标。所以一个人要在一天中有成就，是需要有明确的目标的。如果有个固定的目标，并朝着这个目标努力，是非常有力量的。我们应该思考清楚目标是什么，包括整个人生的目标是什么，这些都是需要去学习、培养的。

一切事物都有两面性，有光明就有黑暗，有天就有地，有善就有恶，有乐就有苦。佛教讲“有求皆苦”，有好的事物，必定会有个坏的事物与它相对应。我们在日常生活中，时时刻刻会觉得好像有个什么东西在阻碍自己，这就是你在学习、工作的过程中遇到的障碍。在不同的领域，有不同的障碍。任何一个人，当他有成就时，就会有障碍来障碍他，这是所有人要去面对和解决的。你面对了，认识清楚了，就能够超越自己的人生，生命的力量就会增强，障碍就不成为问题了。

人生不是一帆风顺的，有顺境就有逆境，两者是交替并存的。顺境处理不好就会变成逆境，逆境处理好就会成为事业中的增上缘。就像一个人在高速公路上开车，四平八稳的，但如果注意力不集中，就容易发生车祸；在一个路况不是很好的地方开车，他如果很注意，就不容易发生车祸。所以关键不在于路的好坏，而在于你的心态如何。你如果很注意，有好的技术，就不容易发生车祸；你如果不注意，就算技术好、车好、路好，也容易发生车祸。人生也是如此，时时刻刻保持面对境界的心，保持面对困难的心，那么在问题来时就不成为问题了。有的人遇到困难就过不去，在这个障碍上过不去，就会抱怨，引发了许许多多不必要的麻烦和痛苦。这就是我们不能正思维，不能包容，内心没有力量去超越的表现。

学佛法，就是为了觉悟，觉悟人世间的一切。觉悟之后自然就能超越外在的种种障碍，觉悟之后就能消除内在烦恼。所以佛法就像雨露，就像阳光，就像空气，我们一刻也不能离弃。

以此祝福大家！

修行就是在自己的心上下手，
在自己的心上突破，在自己
的心上努力
見行堂語
恭錄恩師上學下識
大和尚言教

外境不
是用來
追逐的，
是用來
面對和改
善的。修
道就是要
在順境和
逆境中磨
練和考驗
自己。
見行
堂語
恭錄恩師
上學下誠大和尚
言教

若凡事都認為只有自己是最
正確的、則永無安樂平靜之日
見行堂語
恭錄恩師上學下誠大和尚言教
天下第一
我對你錯
No1

遇到順境也好，逆境也好，都應該從自己的內心來觀照。而不能去指責外在，埋怨外在的人和事。我們內在的缺陷，彌補了，就會很坦然、有力量。
見行堂語
恭錄恩師上學下誠大和尚言教

愿你没有白白受苦

第6章

树立正确的人生目标

2009年11月7日

学诚法师在龙泉寺第一批学佛小组开班仪式上开示

第6章

树立正确的人生目标

2009年11月7日

学诚法师在龙泉寺第一批学佛小组开班仪式上开示

愿你没有白白受苦

我们常常讲，要有人生的宗旨，要有人生的目标。佛教的宗旨，就是成佛。我也曾讲过“不忘宗旨，不忘目标，不忘发心”。成佛不是一生一世的，需要很多生、很多世。我们这一生这一世要建立一个目标，就是指自己这一生要有什么样的成就，自己这一生准备成为一个什么样的人。

很多人并不很清楚自己的人生目标是什么。人们常常会说，自己要当大官，要赚很多钱，在社会上很有地位；我们学佛法的人认为自己要成佛；等等。目标有了，我们才有方向。我们要坐车去哪里，就买去哪里的车票——去西安就买去西安的票，去广州就买去广州的票，去成都就买去成都的票。朝着那个方向努力，我们的目标才能够实现。

自己这一生要成为怎样的人，这是我们的目标。自己一生要成就什么事，这也是目标。但是一生很长，可能要30年、50年、60年、70年，到最后死亡。关键就是我们一生的目标怎样变成10年的目标，怎样变成5年的目标，怎样变成1年的目标，变成每个月的目标，变成每个星期的目标，变成今天的目标，变成此时此刻的目标，这很重要。

我当初来到龙泉寺，就觉得这个地方可以盖楼。想盖一栋楼，这就是一个目标。但不是你想盖就能够盖的，你要做计划，使种种因缘具足，这栋楼才能够盖起来。

计划的前提就是你要去做。你如果没有做，肯定不成。我要表达一个什么意思呢？我们的目标就是我们的愿力、愿心，我们的行动就是我们的行心，要以我们的愿力来带动我们的行动力。有了行动力以后，我们才能够做规划，才能够做计划。常常我们做的很多计划没有考虑要去落实，那么这个计划就是空的。也就是说，计划必须是为目标服务的。有了目标之后，我们就要去做。做，不仅是一个人去做，还要发动很多的法师、很多的同学，让大家一起参与。

人这么多怎么办？我们就要做计划，做很完备的计划。计划好以后就要去执行，这就是执行力。执行要按计划来，确保我们的计划落到实处。比如我们计划5天以内从北京开车到广州去，那就要计划第一天到达哪里，第二天到达哪里，第三天到达哪里，第四天到达哪里……如果第一天的目标没有达成，第二天就很赶，第三天就更赶，那么有可能最后你就无法在预定时间内到达目的地。所以我们在执行的过程中，要根据计划来做。

一个人做事情要有规划，一个团体做事情要有规划，一个国家做事情也要有规划，这就是要有序。但是我们做很多事情常常是没有规划的，没有目标的。有统计表明，开车如果没有明确的目标，就非常容易发生事故。人生也是一样，你一天中不知道上午做什么，下午做什么，晚上做什么，就会很烦恼、很迷茫。

在执行的过程中，有很多的方法、很多的步骤，我们要考虑很多的因缘。这些因缘的配合就是要保证自己计划的完成，而不是说我们不去做，我们做不好，就怪因缘不和合，这是不对的。学佛学得越久，学得越好，我们的事业就越容易办成，因为众缘和合。

不顺的因缘远离，顺的因缘和合，那么事情就容易成就。难在什么地方呢？难在行动力。很多人把行动力和执行力混为一谈，其实不然。执行是根据我们的计划来执行，事先没有计划，你怎么执行呢？而没有行动，你怎么来做计划？所以接下来的方法也好，步骤也好，执行也好，规划也好，都是行动力的具体体现，是行动力的组成部分。你当一个班长也好，当一个讲师也好，当一个辅导员也好，首先要考虑好：有没有想去干？有没有想干好？能不能干起来？遇到种种事情的时候能不能挺过去？就如我们盖一栋大楼，楼越高，压力就越大。怎么能让这栋大楼不倒塌？地基要牢固，也就是资粮要具足。地基具有抗压的能力了，就压不倒。中华民族的文化，包括佛教，为什么要提倡忍辱呢？因为抗压性很强，什么压力就都能够挺过去了；面对再大的阻碍，再大的问题，再大的矛盾，我们都能够不屈不挠，都能够挺过去。你要是工作干不好，没有抗压性，就是没有愿心了。被人家说几句，或是遇到某种逆境、遇到一些问题，就不发心了，或者心发得不长久，心发得不纯正。

菩提心有八种：大、小、偏、圆、邪、正、真、伪。我的体会就是行心最难。四大菩萨，观音菩萨大悲，文殊菩萨大智，地藏菩萨大愿，普贤菩萨大行，最后都要落实到愿与行。愿与行的前提就是要有悲与智。大悲，“不忍众生苦，不忍圣教衰”就是大悲。你如果有悲心，却去帮助恶人，成就恶人的事业，让他造更多的恶业，就是缺乏智慧，就是助人为恶，那是要不得的。我们要助人为善，所以悲心不是乱发的，有了悲心还要有智慧。

有智慧然后我们要发愿，发今生今世要做什么事的愿。这里所讲的事不是指干活、劳动，或者世间做的事，这里所谈的“事”是理与事的“事”。很多人理解做事就是干活，不是那么回事。“事”就是有形有相的事情，听经也叫事，拜佛也叫事，念经也叫事，“事”就是你身语的表现形式，就是行。理在人的心里，说出来就变成了事。所以理是不可说的，理如果表达出来，就变成事了。

我们今天开了班，我刚才讲要树立正确的人生目标。目标有总与别的不同。总的目标，比如大家要成佛，所有十方三世一切众生目标是一致的，是总愿。再往下，一个道场的目标。道场中大家发的大愿，它是一个总的目标、一个总的大愿。不是说我的愿、你的愿不能重复，所有的佛菩萨、大德，他们的愿都是一致的——为了让众生学佛，离苦得乐，究竟成佛。但是，别愿方面就不同了。别愿方面就是各个时期、各个区域、各个地方、各个族群的人，因缘不一样，就变成了别愿。比如，我们之前有100个班，今天又有30多个班成立。这30多个班就变成了别愿，别愿再往下落实，一个班一个班地落实。回去后，我们的班长、讲师、辅导员要讨论：我们的班如何来关顾，如何来学？遇到问题，遇到困难，怎么来解决，怎么来化解?

归根究底，学佛法和我们的人生目标有什么关系？学佛法对我们有什么好处？如果佛没有讲法，我们今天就不可能坐在这里。如果我们不是照佛法来做，那么这个寺庙怎么来管理？一个国家有一个国家的管理方法，一个企业有一个企业的管理方法，一个学校有一个学校的管理方法，一个家庭有一个家庭的管理方法，一个寺庙也要有一个寺庙的管理方法。这样人才能够相安无事，才能够学到东西。佛法，古往今来许许多多大德已经亲证过，我们只要照着这样去做，就能够改变我们的生命。我们生命的本质就是要远离痛苦，得到快乐。我常常讲离苦得乐，怎样远离痛苦？怎样得到快乐？比如你家房子着火了，你得跑到屋外去，你不跑就会被烧死。你一跑，这就是行动力。也就是说，你要离苦得乐，就是一种行动力。离苦得乐本身就是修行，修行就是离苦得乐。然后，就是界定究竟什么是修行，这是很关键的问题。修行如果就是修常常讲到的事情，就不容易修好，就不容易有大的成就。这就关系到我们的发心，关系到我们的愿心。我们是要成佛，还是成菩萨，或者成个祖师，成个二乘，还是仅仅希望这一生做一个好人，做一些好事，这个目标要搞得很清楚。如果要成佛，就要行菩萨道。菩萨道肯定是难行难求的，如果菩萨道容易行，那么每个人都当菩萨了。正因为不容易，所以你做到了，你成就了，你的功德就会很大，就会有千千万万人来顶礼膜拜。

我们今天所能够听到的佛法是一代又一代祖师大德传承下来的，我们能够听到是因为过去有法师讲佛法。如果过去没有法师讲佛法，比如远在非洲没有人讲佛法，我们的心就发不起来，没有外缘来促进我们发心。不要说远在非洲，就是在中国很多城市里，很多人也没有这样一种氛围，不知道学佛有什么意思。他们想学也学不起来，并且他们接受了很多对佛教，对出家人以及对三宝的负面信息。这是人们常常会有的一些观念。在寺庙里边就不一样了，大家会互相影响，互相感染，慢慢地，自己的身心、自己的行为，就能够产生变化。我们这个小组，本身也是在山上皈依的信众。皈依了以后就要认真去学，一步一步去学，按部就班去学。自己班里的同学是自己最了解的人，自己最相信的人，自己最能够谈得来的人，那么通过学佛法也能够交流彼此事业、健康、家庭、学习等方面的问题。这样，大家互相策励，互相交流，分享彼此的心得，查找彼此的不足，慢慢人就会越来越好。这就是佛法落实到日常生活中，落实到自己的身心，给自己的家庭、单位、学校、社会带来帮助的体现。也就是佛法利益众生，使大家自利利他、爱国爱教，促进社会和谐的体现。

不要把宗教和社会对立起来，那是不对的。政府也好，宗教也好，都有促进社会和谐的责任。政府也好，宗教也好，都要让老百姓过上好日子，不使人痛苦。如果宗教让人觉得很苦恼，那谁去学啊？！那样的宗教就不对了。宗教引导我们遵纪守法，报四重恩，等等。所以，我们要培养正确的观念，树立正确的人生目标，按照道场的引导去做，认真学下去，这样有问题也能很好地化解。居士学习佛法，不是一个人学，肯定是大家一起学，在庙里边就是很多人在一起学习佛法。在日常生活中，每隔几天，大家聚在一起交流一下，是一种很好的方式。

对于佛法，不要以为一天两天、一年两年就学完了，或者说3年5年好像就讲这些东西。佛法的原理是不变的，三皈、五戒、十善、四谛、六度、十二因缘、四无量心、戒定慧、三宝，讲来讲去就讲这些，但你要做到是不容易的。为什么我们要从认识三宝开始，从皈依开始？皈依如果培养不起来，我们学任何法都容易出问题，也就是说，没有目标的行为是没有意义的。自己都不知道要去哪里，开车到处乱窜，不仅耗油，而且有可能发生车祸，这样的行驶是没有意义的。也就是说，车要开到什么地方你并不清楚。人生也是一样，这辈子做什么，今年做什么，今天做什么，内心要非常清楚，这样一整天才会有动力。你没有意识到自己的目标、自己的责任、自己的发心，你就没有行动力。所以要发心，发菩提心、愿心、行心，依靠同行道友的帮助，根据寺庙法师的引导去学修。我对《广论》的体会就是菩提心，菩提心就是愿心与行心。如果认为自己确实厉害，那差不多就学不下去了；认为自己学得比别人好，那差不多也学不下去了，那样就会有问题。我们要不断从三宝那里得到功德。汽车要加油，就到加油站去，加油站就是我们的寺庙，供给能量，没有能量肯定是不行的。我们早晚课都是要念皈依的。别的宗教也一样，天主也好，上帝也好，他们也都要皈依。佛教也是如此，只不过名词不同而已。皈依，能使人有归宿感。有皈依心就有归宿感，内心有着落，身心很安稳，目标很笃定，方法很得当，有同参道友的帮助，有场地，做什么事情正念都非常分明，这样一天天就会不断成长。

今天是个良好的开端，也祝愿大家日日增上，时时增上，实现自己正确的人生目标。祝愿大家！

我們的攀緣心就
猶如一只猴子，有
樹就要爬。有外
境就要去緣。緣
又不專注。亂蹦
亂跳。讓專注
它就很難受。
內心就是這
樣一種妄想。
修行就是要
對治妄想、對
治散亂的心、
攀緣的心
見行堂語
恭錄恩師上學下誠
大和尚言教

一般人都需要外在的人和社會
給予我們一個名分，以此來成
就自我感。就是常說的自我感
覺良好。佛法就是
要告訴
我們這
種自我
感是不
真實的
見行堂一語
恭錄恩師學誠大和尚言教

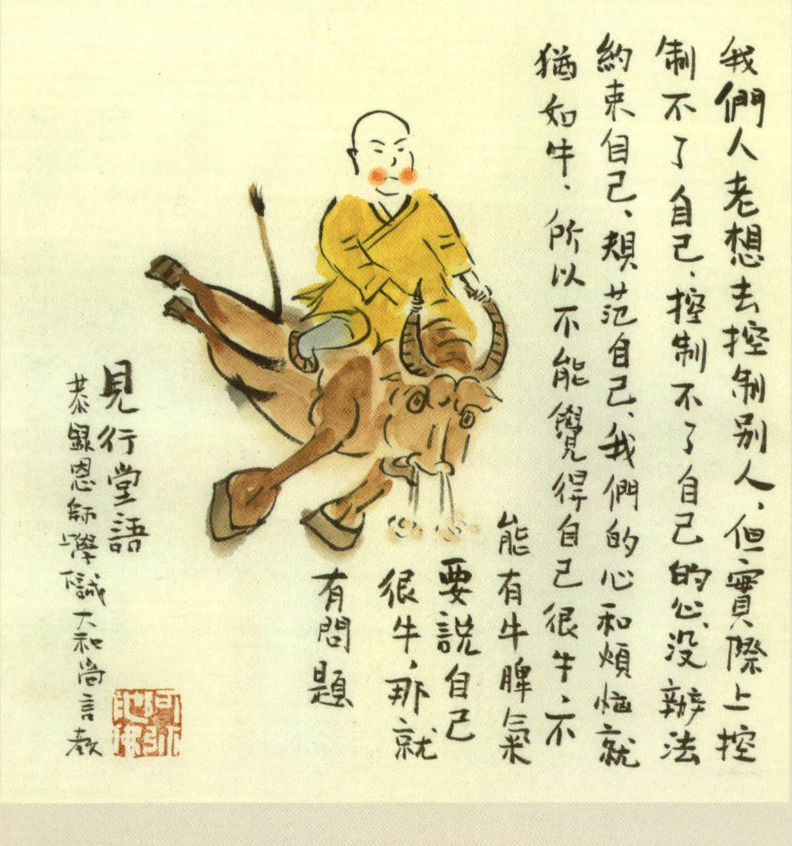
我們人老想去控制別人，但實際上控
制不了自己、控制不了自己的心，沒辦法
約束自己、規范自己，我們的心和煩惱就
猶如牛，所以不能覺得自己很牛，不
能有牛脾氣
要說自己
很牛，那就
有問題
見行堂語
恭錄恩師學誠大和尚言教

有時候人家說，哎呀，我很苦。我說
哎呀，你活該，就是因為你有我，所以
才苦，你「無我」你苦什麼，本身學
佛法就是要無我，但是你不聽
學佛就是要破苦、破我
見行堂詩
恭錄恩師學誠
大和尚言教

愿你没有白白受苦

第7章

道的根本在于亲近善知识

2010年1月2日

学诚法师在龙泉寺第二批学佛小组开班仪式上开示

愿你没有白白受苦

在家里也好，在庙里也好，我们都要抓住根本，信仰就是根本。信仰是我们内心的一种信念，若要表示出来，怎么来体现呢?

在家里，孝顺父母就是根本。“慎终追远，民德归厚矣”，“慎终追远”就是孝道，“民德归厚”就是厚德。人有没有道德，就看他对父母孝顺不孝顺——对父母孝顺，这人就有道德；对朋友，看诚信不诚信，说话算数不算数——说话算数，有诚信，这个人对朋友就有道德；对领导，看会不会按照领导、上级交代的工作任务去完成，服从不服从——服从就是有道德；对国家，看忠诚不忠诚、爱护不爱护——对国家忠诚就是有道德；对佛法来讲，“道的根本在于亲近善知识”——在家里孝顺父母，学佛法则要亲近善知识。亲近善知识和孝道，对国家忠诚，对朋友诚信，对领导服从，为众生服务，这些都是道德之根本的不同体现。

为什么说亲近善知识是信仰的根本体现呢？因为三宝要落实到人，落实到生活。长期以来，我们身心离三宝都是很远的。大家在家里、在社会上忙忙碌碌，能够到庙里来一次很不容易：一个星期来一天，一个月来一天，一年能够来庙里的次数都不是很多。可能有些人今年才开始来，在过去的几十年里都没有因缘来庙里，或者即使来庙里也不一定有学习的心态。有些人刚开始那段时间很好乐，到庙里听经闻法，拜佛交流，过个一两年，这劲头能不能保持，兴趣能不能持续，学习的心能不能仍然这样热忱，就不好说了。一年、两年、三年，慢慢地劲头就退了，热情、兴趣就小了。这表明我们内心同三宝的距离是很不容易拉近的。这也就是我们内在的我执非常坚强的一个表现。所以佛法讲，亲近善士，才能听闻正法，就如同社会上尊师重教一样，对老师要重视，要尊重。对世间的老师尊重，对出世间的佛教的法师也要尊重，这是同样的道理。

重教，就是尊重老师的教导，和听闻正法是一样的，世间和出世间只是用词不同而已，内涵是一致的。为什么学佛法如此强调信心、依师、听闻？听闻不是说自己随意听，而是法师告诉你应该怎么做，你照着去做。实际上，我们常常不是听闻，只是听自己。譬如自己听磁带，那就是听自己，自己想听哪一盘，就听哪一盘，喜欢这个法师的就听这个，喜欢那个法师的就听那个，随意听，还是听自己，这就不一样了。善知识对我们教诫是对治我们的现行，对治我们当下的问题，和自己去听去看是不一样的，引导是不一样的。我们在家里一样可以看书，但和在学校老师引导下读书肯定不一样。一个小孩，如果从来没有老师教，一直都是自己看书，他能不能成为一个博士？那是不可能的事情。他只有根据规范，小学读什么，中学读什么，大学读什么，专业读什么，这样才能过关。佛法也是如此。你要成就，内里有一套理路，只有跟着套路去学，你才能学出来，否则是很不容易的，不要说学得好，能不能学得久都很难说。只有学得久才能学得好。在社会上读到博士的学历少说也要读十几二十年。如果一个人5岁从幼儿园开始读，30岁读完博士，要读25年，少说也要读20年。这20年里需要天天读，并且是把最好的时光花在这上面，才能够读出来。学佛法也一样，甚至时间还要长，要学一生，学一辈子，要有考博士的那种态度、那种毅力、那种用功。所以说，学佛法要有成就，比读一个博士还难。所以不是说我们学几天，或者学一两年，佛法就能够学好了的，不是那么简单的事情。我说这话的意思是什么呢？就是说三宝、法师、同行善友对我们有非常突出的重要性，这是我们学佛法非

常重要的一个前提。

佛法要代代相传。从佛开始，一代一代出家人以及护法的居士根据这个理论来实践行持，大家根据佛法的言教来做，在实践中，就会有很多经验累积。所以我们在学佛法的过程中，能够在别人的分享中学习到这些经验。在小组里，讲师、班长学的时间长一点，有经验，他们把自己的经验分享给大家，那么小组里边几个人都能受益；其他个人分享经验，别人也能受益。所以我们的经验一直在增长，不知不觉就进步了。如果没有这样一个过程，没有这样一种方式，没有这样一种制度，我们就不能正常学习，就没有动力。所以对我们同学而言，这是促进佛法学习的非常有效的方式。现在大家书读得很多，知识很丰富，工作能力很强，理解、思辨能力也很好，但是学佛法要获得的是一种智慧，学佛法是要我们培养一种悟性、一种觉悟的能力。智慧在不同经历、不同身份的人身上表现是不一样的，它能够让人恰如其分地处理问题。所以智慧一方面需要外在的师友的帮助，另一方面需要我们内在悟性的启发。如果没有外在的环境，我们内在的悟性就启发不了。内在有悟性，加上外在环境的保护，这悟性就能够持续，能够增长，慢慢地我们就会有智慧，就会有大智慧。

智慧就跟光明一样。10瓦灯泡是光明，100瓦灯泡是光明，

1000瓦也是光明；蜡烛是光明，星星是光明，月亮是光明，太阳也是光明。光明的大小悬殊。每个人都有自性的光明、自性的智慧，这些智慧、这些觉悟的能力，要靠外在环境来促成。寺庙、学佛小组让我们增长智慧，让我们启发觉悟。如果不是这样的话，那就很难了。有多少人真正有信心，有多少人真正讲得清楚自己学到了什么，自己有什么收获，怎样把自己所学的佛法同别人分享？佛法要度众生，我们开了班当讲师就是在度众生。佛也讲“佛不度无缘人”，什么叫缘？这个班开起来就是缘，你开班就有缘，你没开班就没缘；你来到庙里就有缘；你来参加皈依、来参加法会就是有缘。没缘的话，就没有办法信。

所以这种因缘就是促使我们去做。很多缘跟我们的行为结合在一起，结果就出来了。如果缺乏自己发心、自己造作这种主要的缘，那么外在事业的成功就和我们没有关系了。所以我们要做什么，要在一个团体中承担什么，在佛教的大家庭里扮演什么角色？我们为什么要学佛法，要解决什么问题，这个问题怎么去解决？这些都要搞得非常清楚。搞清楚以后，我们就要深信不疑。如果你天天来，心里琢磨这个东西值不值得我信，是不是这样子，正确不正确，天天都在怀疑，佛法怎么能够入心呢？肯定不能入心。就如对待父母，你说你思考一下要不要孝顺父母，这个命题本身就有问题。肯定是要孝顺了！哪有不孝顺父母的！这不是可以讨论的问题，讨论本身就是问题。你是佛教徒，昨天已经选择了皈依，那么就不能再讨论要不要的问题，而是要讨论有没有做到的问题，讨论做到没做到、做到什么程度以及怎样做得更好的问题。这就是道的根本。长期以来，很多人学佛，就是因为一开始这个问题没有解决好，所以学到一半就学不下去了。这是很多人会犯的毛病，因此我们一开始就要把这个问题去掉，然后才会越学越顺利。那么也以此给大家结个善缘。

人遇到逆境以後，要讓自己的
心先停下來，不要非理作意，
起不好的分別心。就好比
塞車。一般都會起煩
惱，報怨，然後越來
越煩惱。我們通常的
習氣是求順境，排斥
逆境。生活怎麼可能都
是順境，修行就是需要
逆境。看我們過不過得
去。所以塞車的時候，即不
能拐彎，又不能掉頭。剛
好可以念佛，打坐，聽錄
音，就不用起煩惱了
見行堂語
恭錄恩師上繼下誠
大和尚言教

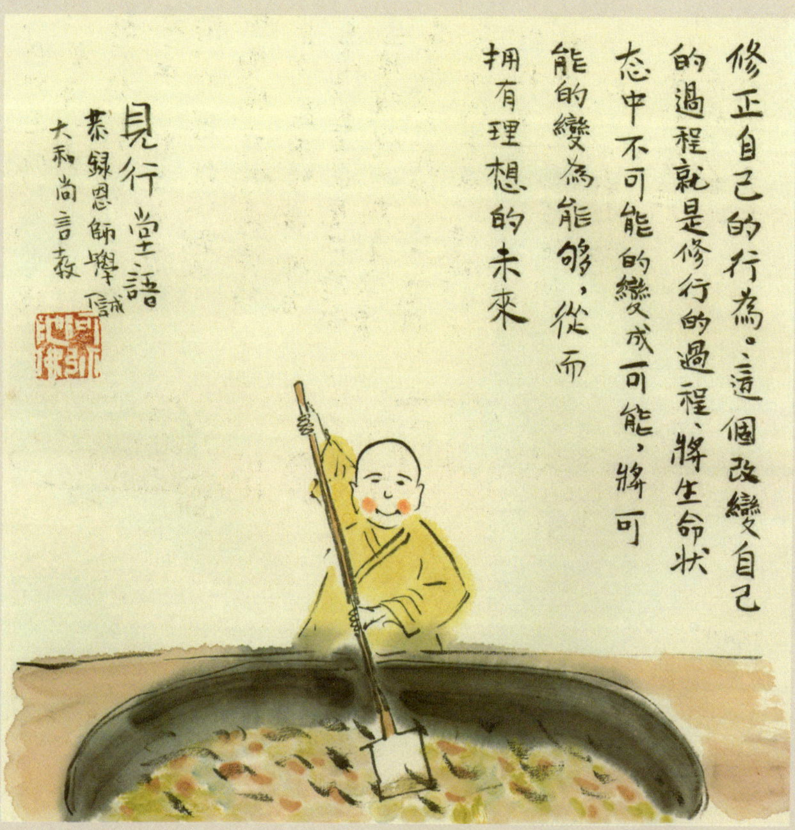
修正自己的行為。這個改變自己
的過程就是修行的過程，將生命狀
態中不可能的變成可能，將可
能的變為能夠，從而
擁有理想的未來
見行堂語
恭錄恩師學誠
大和尚言教

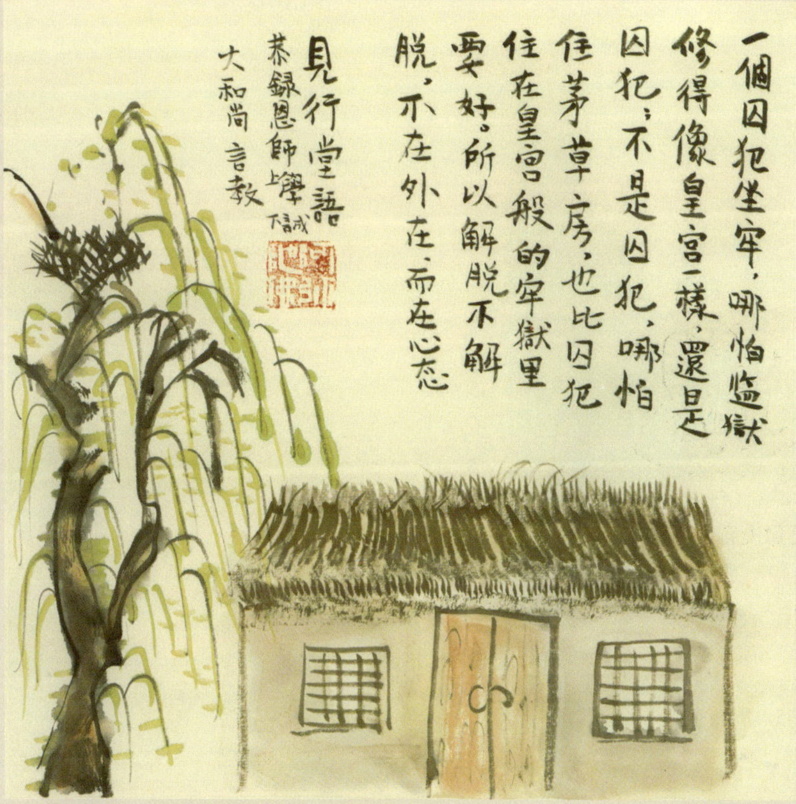
一個囚犯坐牢，哪怕監獄
修得像皇宮一樣，還是
囚犯；不是囚犯，哪怕
住茅草房，也比囚犯
住在皇宮般的牢獄里
要好。所以解脫不解
脫，不在外在，而在心態
見行堂語
恭錄恩師上學下誠
大和尚言教

愿你没有白白受苦

第8章

云何应住，云何降伏其心

2010年4月3日

学诚法师在龙泉寺第三批学佛小组开班仪式上开示

愿你没有白白受苦

今天恰好是观音菩萨圣诞，我们举行皈依仪式，还有学佛小组的开班仪式，因缘殊胜。有些同修学佛很久了，有些才刚刚入门。龙泉寺道场一直以来比较重视教育，佛教也是一种教育，一种心灵的教育，也是一种文化——传统文化。我们皈依，也就是到寺庙里来接受教育，开班也是一种系统化的教育。

我们究竟要得到什么？我们怎么来接受教育？今年寺院的主题是“安住道场，广结善缘”。安住道场，怎样才能安住？怎样叫作广结善缘？《金刚经》中讲道：“云何应住，云何降伏其心？”也就是说，我们如果把心安住了——“应住”也就是住在我们应该住的地方，就不起烦恼了。你如果不能够安住，不能住在自己心所应该住的地方，就会起烦恼。起了烦恼，你就要想办法来降伏烦恼。所以，你如果能够安住，就不必来降伏烦恼；你不能安住，就要来降伏烦恼。这是两个问题。也就是说，如果你把第一个问题解决了，安住了，第二个问题就不会发生。第一个问题你没有解决，不能安住，那第二个问题就是要来降伏烦恼了。

怎样安住？心是与外境有关系的。心跟我们人的六根是有关系的。六根、六识、六境，分别为眼、耳、鼻、舌、身、意六根，眼识、耳识、鼻识、舌识、身识、意识六识，色、声、香、味、触、法六境。六识要通过六根来外缘六境，所以六根是我们心的桥梁。我们的眼睛、耳朵、鼻子、舌头、身体乃至意念，每天去缘什么是很重要的。如果六根往内缘，看自己，听自己内在的声音，我们的心就不会为外在的境界所动摇；如果六根向外缘，即攀缘，那么我们缘到外在的境界——好看的、好听的、好吃的、好玩的，内心就会为外在的环境所动摇。

所以用功的方法、用心的方法是不同的。我们一天到晚过堂、拜佛、念经，参加寺院里的各种活动，遵守寺院里的各项规定，等等，我们的六根，眼、耳、鼻、舌、身、意，就应住在所应住的地方，那样人就不会散乱，不会放逸，不会懈怠。如果没有照着这套要求来做，心就会随着自己的妄想走：现在累了，要休息一会；现在很辛苦，要休息一会；现在口渴了，要喝点水；

现在寂寞了，要找人说话……这都是人的妄想。一天到晚，他都是随着自己内心的妄想在行为。

佛教里的《金刚经》——为什么叫《金刚经》呢？不动心、不变心、不坏心，金刚不动、金刚不变、金刚不坏。无论遇到什么境界，他都如如不动；无论遇到什么境界，内心都不动摇；无论遇到什么境界，菩提心都不会坏。什么境界都过得去，这就是“金刚心”，再强大的外境，也不会影响到他的心。如果我们内在没有这种金刚心、菩提心，那就是因为妄想。每个人都会有妄想，有妄想就会着相，我们内在的菩提心就会迷失。我们原本都有菩提心，但因为我们迷惑了，所以我们的菩提心就变成了妄心，也就是说内在的觉悟，内在的金刚不动、不变、不坏的心不起作用了，这就是在轮回。

孔子有个学生叫颜回，有一天出门坐船，刚好下大雨，又刮大风。他过海的时候，摇船的人功夫很好，非常轻松就过去了。他觉得很奇怪，这大风大浪的，怎么这么容易就过去了？就问：“你有什么功夫，船能一下子就划过去了？”那个划船的人就问颜回：“你会不会游泳？”颜回说：“不会。”船夫又问：“你会不会潜水？”他也说不会，船夫就不再回答了。不回答是什么原因？颜回就很纳闷：我问了，你答非所问，我问你怎么划船，你却问我会不会游泳。回到家里，他还是想不通。孔子问他："你在想什么问题？"颜回就把当天发生的事给孔子讲了。孔子说："会游者轻水，善游者忘水。会游泳的人，他不把水当回事；很会游泳的人，他已经不知道有水的概念了，所以他能够游得好。"划船也是一样，他已经不把这个境界当成一个很高的境界了，他内在的金刚心、菩提心如如不动。

我们学佛法的人也是一样，外在的境界都是风，都是海水，都是波涛，我们只有把握住内在的心，才能够不动摇。《八识规矩颂》里边讲："浩浩三藏不可穷，渊深七浪境为风。"前面七识都是波浪，境界是风。我们内在的心如果没有把握住，就不好办了。

佛法这种教育，是在教育什么呢？教育你要内心有功夫，内心有力量，能够克服一切困难。你觉悟了就知道该怎么做，觉悟了就不迷惑！我们内在的金刚菩提心就不迷惑！这就需要找到、恢复我们的这种本能，并时时刻刻让这种本能不迷失、不忘失——迷是迷惑，忘是忘记。迷惑，是因为我们大部分人都有妄想，色、受、想、行、识，其中，"想"是取相，也就是见、闻、觉、知以后，脑子里留下了影子，脑筋随着这个影子在想；"想"最后变成了一个念头，念头最后推动我们去造作。我们就

这样随着妄念、妄想在做，而自己并不知道。所以我们就越做越不清楚，越做越迷惑，很多人都是这样过来的。

我们学佛法——佛是觉悟，法就是规则，他知道这些规则是什么。觉悟的最高层次就如刚才我讲的那个故事一样，游泳、划船都非常轻松。但初学的人首先要知道游泳要怎么游，要注意什么，船要怎样划才不会出问题……这些都是最基础的知识。最基础的和最高级别的是不一样的，就是说你虽然道理明白了，但不一定能够做到。道理明白了和做到了是两回事。佛经的经文你看得懂，你会解释，只是说明你能够理解，能够讲它是什么意思而已。你的解释并不是自己的体会，并不是自己的经验。经验和解释是两回事，经验已经超出经文本身的意思了。解释是照本宣科，照文字表面的意思来解读；经验是过来人走过的路——这件事情你做过了，会做了，那以后遇到同类型的事情你就会觉得非常轻松、非常简单，你就会认识到经验的意义是非常深刻的。

我们一天到晚，一年到头，一生到老，都是在重复自己的行为，却希望得到一个不同的结果，这是不可能的事情。重复自己的行为，得到的只会是相同的结果，不会是不同的结果。我们要得到不同的结果，要得到好的结果，必须要有不同的行为，这是肯定的。要想成佛，成菩萨，行为就得跟一般人不一样，因为佛菩萨的行为跟一般人的行为就是不一样的。行为就是因，结果就是果，这就是因果。你可能会问什么叫作不同的行为呢？答案就是人的心不同——用心不同，发心不同，意乐不同，他的行为就不同，结果就不同。八万四千法门他都会归一心，他一心能开出八万四千法门。八万四千法门不是说有84000颗心，而是说他一心就能变化出八万四千法门。

心，也是无形无相的。心因为无形无相，所以能够有种种不同的法门来适应不同根基的众生。就如同我们进这见行堂，它有这么多道门，从哪道门都可以进。中间、左边、右边、旁边都有门，设这些门的目的是让大家能够非常方便、不拥挤、有序地进入佛堂来拜佛、参加活动。来寺院拜佛、参加活动，这只是我们的一个目的，让大家受用是另一个目的。很多初学的人好奇："哎，你学什么？"你学禅宗、他学净土宗、我学密宗……都是很无知地根据法门来分辨；"哎，你走哪道门？"你管他走哪道门！最后都是要登堂入室的，到佛殿里才是关键。无论走什么门，你走得进去就是好的，就是对的，是不是？很多人就一直在这些很琐细、很无谓的问题上绕，绕不开，想不开。他不明白八万四千法门都是药，八万四千法门都是路，药都是用来治病救人的，路都是用来到达目的地的。

大家来这里参加皈依也好，参加开班仪式也好，都要很明确：为什么要皈依？为什么要参加学习？皈依、学习后我能得到什么？对自己的人生，对自己的未来有什么帮助？自己还有些什么问题？要来解决什么问题？生命究竟是什么？这些都是很重要的问题。大家只有发了心才会来到这里，才会坐在这佛堂里，彼此之间才会互相认识，还能够认识我们寺庙里很多义工，能听到我在这里讲课，以后还会有很多互相交流、讨论的机会。只有自己发心了，才能够有这些外在因缘来成就你这种发心。

学佛法，是需要仪式的，但是佛法不等于仪式。它需要仪式的部分，需要仪轨的部分，但它并不就是仪式、仪轨。长期以来有相当多的人对佛法的本义不了解，都是在细枝末节上计较，结果越计较越学不好，越来越学不下去，就发生问题了。所以我们一开始就要把握好根本，把握好自己的心，让自己的心能够如如不动——金刚心，六根要住在正确的所缘境上。佛教告诉我们眼睛看什么，耳朵听什么，鼻子闻什么，这样我们的六根都是受内在金刚菩提心的推动来缘外在所要缘的境界的。比如我们办一场法会，需要凳子，我们就去搬凳子；需要拜垫，我们就去搬拜垫；需要行堂，我们就移步到行堂……我们内心是很清楚的，而不是说我们要把这个场地布置得很好给人家看，那用心就不同了。要洗菜，我们就去洗菜；要烧火，我们就去烧火……这都是根据工作需要来做的。我们做这些干吗？因为我们要办法会，为了让大家来听法，为了让大家来念经，为了让大家来交流。

你如果之前忙了半天，经也不念，法也不听，也不交流，那就是白忙，你也忙不下去。你怎么能忙下去？你的心离佛法越来越远，越来越没有力量，外在的人说你两句你就会受不了，内心就会动摇，这是肯定的。我们任何一个人，在家里、在单位都是如此。所以我们要非常清楚、善巧，善巧容易学，但是你的心把握不住。因为人的心是无形无相的，它是内在的一个境界，必须依靠我们的愿力，依靠我们的信念。人的信念、人的愿力、人的菩提心不动摇，这种力量才能持续。你一动摇，内心就没有力量了，外在的境界就过不去了，人就完了，心就发不起来了。所以需要皈依，需要祈求，就是这个道理。皈依也好，祈求也好，都是为了让我们内心不变、不动、不坏的这种心持续、坚定、有力量，就是这样一个道理。

社會上就是三個躁
煩躁、急躁、暴躁。躁
就是煩惱、內心煩惱
就急躁、遇到
心情
不如意的事情就
暴躁、暴跳如雷
只要有煩惱就會
消耗自己的能量
和心力，心就被這
些有染污的毒藥
所害
見行堂語
恭錄恩師上學下誠
大和尚言教
阿彌陀佛
TNT

我們對外在事物的
認識、更多情況下是
考慮對自己有沒有
利益有沒有好處，不
能準確、全面、深入
去了解一件事情
的本意和作用
見行堂語
恭錄恩師學誠
大和尚言教

人就是要在順境逆境中磨練。順境中不倒、逆境中起得來，才能夠成長，有成就
見行堂語
恭錄恩師學誠大和尚言教

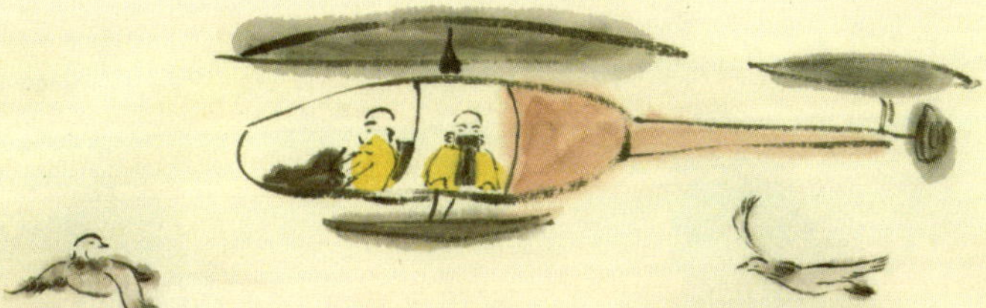

看問題要有高度，譬如拍攝風景，坐在直昇機上俯拍，才能看到全景，眼光要放長遠，一件事情不能只看當下，要看到它的過去未來。心胸要寬廣尤其是涉及到自身利益時，須置個人得失不顧否則患得患失，無法準確看待事物本身

見行堂語

恭録恩師上學下誠

大和尚言教

愿你没有白白受苦

第9章

在变化中承担责任

2010年5月21日

学诚法师在佛诞日传灯法会上开示

愿你没有白白受苦

今天是佛诞纪念日，大家一起浴佛、念经、皈依、出坡劳动等，参加活动的学员、做后勤的义工很辛苦。灯，代表着智慧，要得到智慧，就要从佛陀那里求。佛有大智慧，我们智慧不足，所以就有无明，有烦恼，有黑暗。智慧足了，犹如太阳出来，黑暗自然就不存在了。

佛教三法印："诸行无常"，无常就是变化；"诸法无我"，无我也是变化；做到无常，做到无我，内心不躁动了，内心不起烦恼了，那就是"涅槃寂静"。我们内心不能寂静，就是对无常、无我的体会不深刻。一切都是在变化的。比如今年的四月初八是晴天，去年的四月初八可能下雨，那明年的四月初八、后年的四月初八，有可能天气都是不一样的。今年的四月初八、去年的四月初八、明年的四月初八，每次活动的参与人员也不一样，环境也不一样。去年的四月初八我们还在德尘居；今年的四月初八我们在见行堂；到明年的四月初八，我们的东配楼都建好了……环境一直在变化。

在变化的过程中，我们怎么来承担责任呢？我们的出家法师也好，在家义工也好，善男信女也好，来到庙里，大家都想要发心积资粮做事，并且很认真地做，也想负责任，但不知道怎么负责任，也不知道怎么来承担责任。

今天想着自己要怎么做，到了明天，外在的环境一发生变化，我们就不知道怎么办了，这是常常发生的事情。比如，我们在办一场法会，突然没有电了怎么办？忽然刮风了怎么办？忽然停水了怎么办？人多了怎么办？人少了怎么办？等等。我们要怎么做才能够使会场整齐有序，大家安心如法，能够受益？参加活动也好，当义工也好，都能够增长资粮。自己要怎么做？怎样跟同行配合？在法会中也好，平时也好，我们都有具体负责的同学，怎么来落实这些工作，怎么来安排，是很有讲究的，是需要靠佛法的智慧才有办法解决的，不仅仅是靠自己的热情，不仅仅是凭借自己的兴趣，也不仅仅是凭借自己的信心。在佛门中发心、承担，需要有信心，但是，光有信心还不够，还要有慈悲心，慈悲才能够包容大家；还要有智慧，有智慧才能够承担责任。

人的思想是会变化的，人的兴趣是会变化的，客观环境也是会变化的。我们怎样在变化的过程中，保持自己的发心不变，承担心不变，慈悲心不变，菩提心不变，大悲心不变呢？如果一看到外在的环境变化，我们内心就动摇，菩提心、大悲心、信心就动摇，就说明我们内在的心会随着外在境界的变化而变化。有些人觉得自己能力很强，可以做很多事，1件事、2件事、3件事、5件事，而且能做很大的事。结果呢，事情大了自己做不下去，就起烦恼了，不知道该怎么办了。这也是我们智慧不足的表现。智慧足就可以把一件事分成10件事，交给10个人去做，10个人每人再分解成10件事，分别交给10个人去做，这样就把这件事情做成了。如果智慧不足，福德不足，慈悲心不足，做事情就喜欢一个人去做，最后就做不下去，做不好，自己就会退失信心，起烦恼。

有些同修在做事情的过程中做不好，本来不是你的问题，而是因为别人，是第二个人、第三个人的问题，而你总认为是自己做得不好造成的，这样内心就会有沉重的包袱。一天到晚你都在做善事，然而一天到晚你总觉得自己好像在做错事，或者你总觉得心里好像有很大的包袱，这都是因为缺乏智慧，见解有问题。总觉得别人的问题都是自己造成的，这种思路不对。有些人认为，在佛门里做好自己分内的事就行了，反正随缘，别人做一点，自己也跟着做一点，不用心，不操心，不发心，天天做事情，也看不到所做的事到底有多大的意义和功德。时间一久，他又觉得在庙里做事情跟在家里做事情没有什么区别，或者说在庙里做事情不如在社会上有效率，这都是人发心的问题。要考虑做这件事情有效率，有效果，用最短的时间、最简单的条件、最快的速度，得到最好的结果。这要有智慧，而不是说不讲条件，不讲时间，不讲效果，不讲效率，那是不用心的表现。

在变化中来承担责任，就是要在无常、无我中来认识责任，来承担人生的责任。你认为有个生死的“我”，你有生死观念，认为生死有客观性，这样的见解就有问题，这就不是无常、无我的思想。世间的一切，包括自己的念头，都是变化的。我们只有守住佛教根本的宗——要学佛，要成佛，要发心，要发愿，只有把这个宗守住，你才不会变。没有把自己的宗守住，人就会变化。变了之后，就不知所措，不知道怎么办。

在变化的过程中，怎么来承担人生的责任呢?

做一件事情，我们常常只看眼前，但有时候只看眼前，这件事情就不容易看清楚。你看一天，你看一年，你看10年，你看一生……从生生世世来看这件事情，从一生来看这件事情，从一年来看这件事情，从一天来看这件事情，从眼前来看这件事情，结果是不同的。我们常常犯的错误，就是什么事情都只看眼前，只看眼前就不容易看清楚。比如种庄稼，种子种下去，就要等几十天才有收成；种水果可能需要几年——银杏树则是千年，它价值就不同。人生也是一样，所有事情不能从眼前来看有什么价值，这样你是看不出来的。眼前的价值，就跟那些打工的人一样，打一个小时工多少钱：10元钱、20元钱……就是这样计算的。学佛法，功德不是用时间来计算的，是看人的发心，看人的愿力，看人的菩提心，看人做事的动机、目的，看能不能众缘和合。我们既不能把目标定得很大，不切合实际，又不能把目标定得太小，更不能有工作不去做。究竟怎样来承担责任呢？那就是自己有多大的愿力，有多大的发心，有多大的智慧，就来承担多少事情。

不论何时何地，在家里也好，在庙里也好，在单位也好，你都能完成自己应该做的事情，这就叫作负责任。这个时候我该看书，那这个时候看书就是负责任；这个时候该劈柴，那劈柴就是负责任；这个时候该扫地，那扫地就是负责任；这个时候该浇花，那浇花就是负责任……何时何地，自己知道自己应该干什么并如此去做，就是负责任。

人往往就是不知道自己该干什么，把一天的事情和一生的事情搞混淆了，把一生的事情和生生世世的事情搞混淆了。什么是混淆呢？比如今天的事情没有做好，就会影响到明天，影响到未来。人总会给自己找理由——“今天没有做好，明天开始我好好努力”；到了明天又没有做好，就说“后天开始好好努力”……就这样，日子一天天地白白过去了。这就是把一天跟一生混淆了。有些人会说：“今天的事没有做好，算了！明天也不做了，后天也不做了。”今天不发心，明天不发心，后天也不发心了，这也是混淆。

如果事情没有做好，或者说做得不理想，我们能不能观察出这件事为什么不能够做圆满，为什么会有欠缺？一件事情做得不理想，有很多方面的原因，下一次再做这件事情的时候，自己就可以告诉相关的人，事情应该怎么去做，要怎么调整，大家应该怎么配合，这样才能够把事情办好。做得好的我们能够总结出经验，做得不好的我们也能够总结出教训，这样就能够在做事的过程中不断地提升自己，就能够在做事的过程中觉察到我们对佛法的体会有多深，有多广。因为一件事需要众缘和合，凝聚众多的缘才能把这件事情做大，做好；如果缘缺乏，这件事情就很难办好。我们发心好，还需要有外在很多善缘的和合。

善缘也需要创造，创造这些因缘。比如法会期间，时间的变化、地点的调整，或者说流程的改变，如果一个做指挥的法师、义工，能在适当的时候跟大家说清楚，说了一分钟，大家听明白了，马上结果就变化了；如果没有及时宣布，大家就不知道怎么办。据我观察，在法会过程中，有些状况的发生，常常就是因为没有人发布命令，以致大家都不知道该怎么办。所以说命令很重要，什么时候发什么命令也很重要。

我们的义工，或者到我们庙里参加法会的居士、善男信女，要适应这种变化的状态，要让寺庙尽最大的可能来成就大家，利益大家。有些人是住在庙里的，有些人参加一场活动就走了，所以我们的场地——斋堂、大寮、寮房，就会有很大的伸缩空间，变化会很大。随着气候的不同、季节的不同、组织力度的不同，法会的人数、规模和质量都会受到影响。

我说的这些，在变化中承担责任，可以用到庙里事务上，也可以用到社会上去。也就是说，不能对一件事情、对一个人看死了。比如这个人好，他办事情就永远办得圆满吗？那不一定。这个人不行，但他很用心，那可能明天他就做得很好。就是说不能用固定的认知来认识客观外在的问题，要在变化的过程中来负责任，来积聚资粮。

积资粮本身就包括福德和智慧，如果我们缺乏智慧，那么资粮也很难积好。比如炒菜的时候，人家让你把火控制得小一点，如果你把火调得猛，菜就炒焦了，就不一定积到资粮。在佛堂里一个人对另外一个人说话，本来只要对方听得清楚就可以了，可你却让所有人听到了，这就有很大的负面作用。动了大家的念头，这就不对了。在佛堂、在斋堂不能说话，如果说话也只允许让第二个人听到，第三个人都不能听到，否则就不适合了。在平时也是如此，我们来寺里什么时间做什么事都要掌握好。如果你不了解这些状况，事先要搞清楚——进去怎么跪，怎么拜，怎么走。自己身体不好就吃点药，或者请假，或者靠旁边一点，这样就不会妨碍别人。我们参加法会的这些信众和我们的义工，如果今后在寺院里逐步承担更多的事情，大家就要去学习怎样同别人合作，认识合作的重要性，这样才能把事情越做越好，才能慢慢把事情办得圆满。

大家在社会上也都是做事的，有些人事业也是非常成功的，这不等于说谁行谁不行，只是他们知道什么时候去做什么事，最后会有什么结果。所以我们每天都要很用心，这样才会有智慧。人都是有心的，那么就要发心，用智慧来指导我们的行为，我们才不会迷茫。如果我们迷茫，就是缺乏智慧，说明我们内心没有光明。我们传灯，目的就是让我们内心智慧的光明、心灯永远不熄灭，多看住自己的心，让自己的心不动摇，让自己的心更明亮。这样，我们才有力量来面对种种外境，这就是我们传灯的目的和意义！

佛法講離苦得樂
不是避苦得樂
見行堂語
恭錄恩師學誠大和尚言教

佛法不是否定人生、否定生
活、而是說在我們的生命
當中如何超越煩
惱和痛苦、獲
得幸福快樂、
擁有積極
正確的人生
觀和良好的
心态
見行堂語
恭錄恩師學誠
大和尚言教

修行就是認識煩惱、面對煩惱、解決煩惱,然後解脫
見行堂語
恭錄恩師學誠大和尚言教

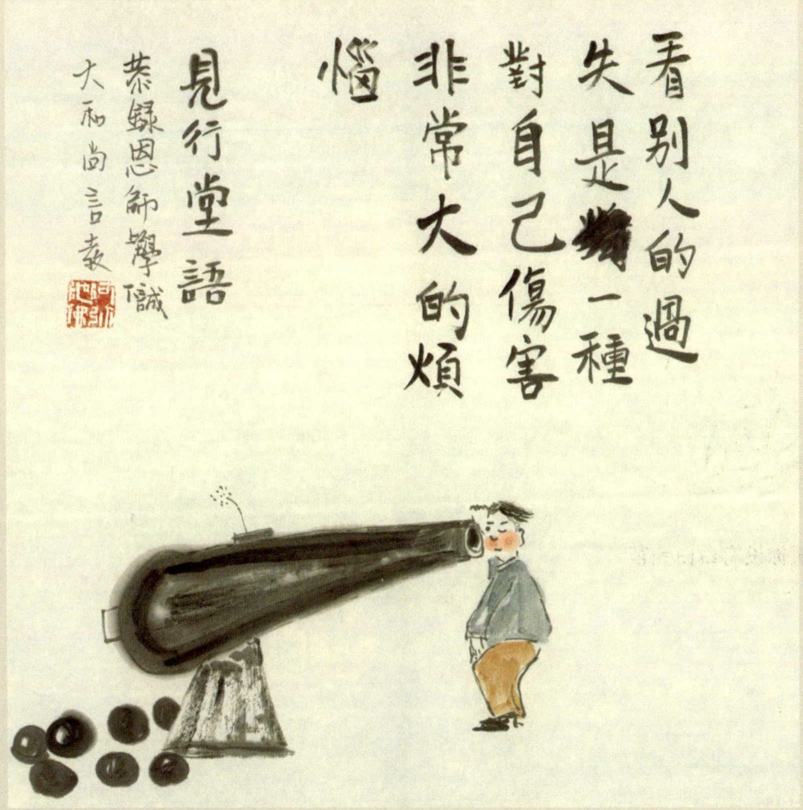
看別人的過
失是一種
對自己傷害
非常大的煩
惱
見行堂語
恭錄恩師學誠
大和尚言教

愿你没有白白受苦

第10章

修行归根究底就是安好心

2011年1月22日

学诚法师在龙泉寺讲师班年终总结会上开示

愿你没有白白受苦

修行归根究底就是安好心——先给自己安好心，然后给别人安好心。好的心就是智慧，戒定慧；坏的心就是贪嗔痴，就是烦恼。带课以前，带班以前，你先给自己安上好心，然后再给别人安上好心，这样大家都在上进。

怎么来安好心？怎么来安心？学佛法就是学安心，就是要懂得用法！比如他本身天天有烦恼，很消沉，很苦闷，你再天天给他讲无常，他就越来越苦闷。你要讲“要成佛，要广大承担”，你要讲“菩萨大慈大悲”，这样他的力量就会越来越强。佛法常常讲有八万四千法门，八万四千法门就是84000个法类，84000种武器，84000种用心的方法。其实何止84000哪！比如大家要走进这个教室，如果你从北京市区来，那就要先进景区，要先走这道门然后再走那道门，要通过很多门，这样你才能进入教室。学佛法不是说你随便用一种法就对了，你用错的话会起反作用。必须是先用这一个法类，然后是那个法类，最后换其他法类，这样你才能一路畅通。也就是说，你必须先经过一道门，之后再经过另一道门，这样才可以。不能说我只有一道门，不能说我就用一个法类，这样最后会成为障道因缘，会障碍无量的善法，那就会非常麻烦。所以我们学《广论》要通达一切圣教无违，说的就是这个道理。

你看，北京市有多少栋楼房，一栋大楼里有多少道门，再看看我们龙泉寺有多少道门，数一数非常多，有相当多的门。如果没这些门可以吗？肯定不行，没有门你就很不方便，你的学习、工作、生活都很不方便。

所以，佛法也是一样，这种法门，这种法，它是对治某种毛病的。你有什么毛病，必须用什么法来对治，有时候你自己不知道。对治了以后，你明天又会有什么毛病，就又需要用什么法来对治。医生看病，给你开7天的药，让你吃完再来，看看有什么变化，他再给你开第二个疗程的药，回去再吃7天，再来看。无论得心脏病、得肺病，每一个疗程用药都不一样，不能一种药一直吃，那样会有抗药性。学佛法学久了，好多人学出了问题，就是有抗药性了，法不起作用了！刚刚学的人一听观功念恩非常感动，以后就不感动了，这就是有了抗药性——“药”吃下去不管用了。我们学佛法，常常讲要跟自己的心结合。只有跟自己的心相结合，法才会起作用。

佛法怎么跟我们的心结合呢？法都是佛讲的，祖师大德一代又一代地传承。传承是什么意思呢？就是不断给它稀释，给它做解释，让那个时代的人、这个时代的人，听得懂是什么意思。如果不解释，佛教就是“诸行无常，诸法无我，涅槃寂静”这三句话。但只讲这三句你悟不出来！为了让你悟出来，可以进一步解释为“誓断一切恶，誓修一切善，誓度一切众生”。不断去稀释，就是让我们有办法接受，让我们有办法领纳，这才能够起作用。因为法本身是佛说的，它含有佛、祖师大德、传承祖师的加持的力量。所以，只要我们的心跟它相应，我们的心就跟佛菩萨、祖师大德相应了。我们念经也好，念圣号也好，如果没有这种明了意识——心中的意识非常分明，清清楚楚——就都会念得含糊其词，似念非念，那样效果就不大。你在家的时候，要跟父母讨一个什么东西，你肯定会很认真，特别认真地念父母的名号，因为你有求。如果你平时没有求，只是讲一两句话让父母高兴，那么效果是不同的。在社会上也一样，你请求你的上司，请求你单位的老板帮忙，你就会很注意，因为你有愿心。我们居士在平时交往的过程中，我也不求你，你也不求我，对对方很不在意，就不会用心。不用心的话，人与人之间就得不到沟通，我们的心就会越来越封闭，越来越疏远。这样的话，座谈也好，交流也好，都会起反作用，不仅不能解决问题，还会增加问题，执道起迷，成为障道因缘。

法肯定都是好的，就跟药一样，都是好的。但是好的不等于说就可以乱吃，你得了某种病，到药店不管什么药拿来就吃，那肯定不行。我们大部分人，在用法的过程中用错了法类。比如，“誓断一切恶”，断恶就要用断恶的法，修善就要用修善的法，度众生就要用度众生的法，法与法是不同的。像打仗一样，你是攻还是守，用的兵器肯定不一样。做什么事用什么工具。你要去劳动，用什么工具？用锄头，用镰刀，用绳子，用斧头，用锤子，都是各有用处。大乘法就三件事：断恶，修善，度众生。有些人认为自己不去害人，也不造什么恶业，就算修行。断恶不等于修善，断恶就比如你有烦恼了，你怎么克服？怎么对治？怎么破恶？怎么忏悔？对治问题不等于说你就能生善法，这两者是不同的。我们讲诸恶莫作，众善奉行，自净其意，很多人把善与恶混淆了，认为断恶就是修善。

断恶肯定是一个善的行为，但是断恶不等于修善。断恶就好比还钱，修善就是赚钱，还钱和赚钱是两个概念。在学佛法的过程中，我们的起心动念如果天天为善，那么恶法就起不来，恶法就能够被伏住，但伏恶还不能断恶。比如一天到晚你在想做善事，你的烦恼就起不来，你就能把烦恼伏住。反过来，如果一天到晚你把时间用于对治烦恼，善就生不起来。所以要在生善的过程中来伏恶，伏恶以后才能够断恶。恶是烦恼，对治烦恼有两种方法，一种是伏灭，一种是断灭。断灭是什么意思？就是把它消灭，永远不会再生；伏灭就是暂时把它克制住，好比拿石头压草。但是你要先把它伏灭，然后才能断灭。所以对治烦恼，让它不起现行，就是伏灭了。不起现行，就要让善法现起，这样恶法就不会现起了。善法如果一直持续地现起，那么内心的力量，这种等流的力量、滚动的力量就越来越强。人一直有善法，一直有善的念头在心里涌动，恶的力量就越来越弱，渐渐地它就没有了。

这些善心、善念、善愿、善行，都跟人有关系，跟众生有关系，必须是从众生身上修来的。因为你跟人家讲了一句话，人家听了受益，他的生命就发生了改变，或者内心就产生了快乐。所以我们在带班带组的过程中，实际上就是在修法，法只要用得上，并且让我们得到了快乐，得到了欢喜，就是有作用的。不是说你一定要去得到一个非常高深的东西，而那个东西你根本不适应，你用不了。一般的士兵肯定不能去开坦克、飞机，他开不了，危险性太高。他只有学到相当深的程度，才能去开。我们一般人，学些比较简单的法类就可以了，就能够对治问题了。比如你在家里，要看电视，要用电脑，要用电冰箱，要用微波炉，你懂得怎么开、怎么关以及出故障怎么处理就够了。懂得怎么办就是懂得怎么来用法，至于电冰箱的工作原理，一般人搞不懂，要请专业人员才行，坏了要请专业人员来修。

学佛法也是一样，如果有解决不了的问题，我们可以问法师或学得比较久的同行。他给你讲，你要相信，如果不相信，不照着做，那么肯定不能解决问题，你的故障就不能排除。因为无始劫以来，人的身心、人的生命里有很多的业障，一直以来我们造的善业也好，造的恶业也好，都会成为一种障碍。善业——人天的善业，也会成为一种障碍。善业怎么是障碍呢？善业多了，就有福报，人有了福报就贪着，贪着世间的种种，就不容易出离，不容易解脱。而恶业多了，身心粗重，烦恼重重，学法就不容易相应。所以我们受三皈也好，受五戒也好，受沙弥戒也好，受菩萨戒也好，受八关斋戒也好，无论受什么戒，都有“往昔所造诸恶业”的忏法，这是很关键的。

忏悔，就是说在我们的心里，在我们的生命里，要去掉这些障碍。因为你每天都会有业，每天不知不觉都会有业，更不要说无始劫以来了。这是什么意思呢？比如你开车，开车的前提是你要知道前面有没有路障，有路障你要即刻停车，把路障排除，否则车开不过去。修行也是一样，修行的路上，当你起烦恼，问题出来的时候，必须要排障！你不排障就过不去，无论有什么理论都没用。所以佛教里有这种忏悔的方法，忏悔就是排除我们心路上的障碍。忏悔是一种好的法门，是修行的一种法门，无论你修什么法，都要先净障集资，净除业障，净除罪障，然后你才有办法来集资粮。你认为自己什么障都没有，那就说明你没有发现问题，这样的话，你就学不下去，学不久，学不好。

在一个小组中，你把5个组员带动好了，然后这5个组员每人再发展5个人，就25个人了。一年25个人；那么再过一年，25个人再乘以5，就100多人了；再过一年，600多人了；再过一年，就3000多人了。这样的话，过了5年从一个人发展到了3000多人。你自己要先有这份信心，这样就发展起来了，很快！它是靠佛法的力量。你不要怀疑，认为自己怎么能来指挥大家，来管大家。你怀疑就不行，就做不好。

佛法对人是有用的，无论男女老少，无论什么身份、什么层次，都有用。因为它跟人的心有关系，能够给人带来欢喜，能够给人带来快乐，能够给人带来安稳。所以我们要从现实生活开始，现实生活是什么意思呢？就是现行，我们常常要对治现行。现行就是说此时此刻，当下因缘，你内心是什么状态，你现在是一种怎样的病状，应该怎么办，这是很关键的问题。我们要一点一点去用法，像我们所提倡的一些法类，都是非常实用的，特别是依师依友，还有净罪集资、观功念恩、代人着想等。你以为这些法很简单，其实只有用了这些法以后，其他的法才有办法使用。这些法你用不好，你没有真正达到这种功夫，那么你看一切人都会去比较，都会有分别，甚至分别心会很强。

我们学佛法的目的是什么呢？学佛法的目的就是要用佛法的这套思维模式，用佛法的这套名言体系来观察世界。佛法里有五蕴十二处十八界，它略讲五蕴，专讲十二处，广讲十八界。世间无量无边的法、整个地球宇宙，用“色受想行识”都可以概括。比如色蕴，它就把我们人的身体，以及山河大地、草木丛林，都包括进去了。

你如果想买一部汽车，那么就要考虑：我要买什么车？中国产的，日本产的，美国产的，还是德国产的？或者说要买什么款式的，什么品牌的，里面什么样子的？……你会考虑很久。如果是我们这个班要买一部汽车，那么就大家来讨论，可能每一个人都会对应该买一部什么车有想法，但最关键的问题是：买这部车干什么？这部车要给谁坐？这车准备开到什么地方去？这样你就要考虑你的身份，车要容纳多少人，它的用途以及目的地了。想去城里，就买适合去城里的车；想去山区，就考虑买越野车，这跟路况也是有关系的。你的行驶路线、运输目的是什么？或者说主要目的地是哪里？目的地有了，你为什么去那里？你去那里是上班，还是上学？然后才考虑你有多少钱，你愿意花多少钱，合适不合适。

我说这话是什么意思呢？就是说你学佛法，首先要搞清楚你的目的是什么。没有目的，再好的车，你买它干什么？你买车到处乱开乱跑有什么意义？没有目的，你的运输、行驶是没有意义的。人生也是一样，不知道做事的目的是什么，那么你做的事是没有意义的，一天一天都是在轮回。你必须把目的搞得非常清楚，这样才会有方向感。有方向感，你才不会迷茫，才不会迷惑。有方向感以后，目的非常清楚以后，你才不会走错路。很多人走不下去了，说明法有问题。你开车进城，一看有很多岔路，如果不知道目的地，你肯定不知道往哪里拐，那么你的车怎么开？没法开！修行也一样，大乘佛法、小乘佛法，乘就是运输，度就是运输！运输运到哪里去？肯定有目的——此岸彼岸。这部车能够装多少人？关键在于这部车的性能，在于发动机的力量足不足。不足，你要带动也带动不了。我们的信心、愿心，和汽车的发动机一样，性能必须好，然后对自己的目的要搞得非常清楚，并且有信心去做，这样才会越来越好。

信心就意味着你不能有丝毫的怀疑，一怀疑你的信心就没有了。疑和信刚好是相对的，如果你怀疑，就意味着你没有真正信，没有深信，没有正信。其实我们不认为自己是怀疑的，但是不怀疑不等于说你一天到晚对佛法的信心很具足，大部分时间我们都处于忘/妄念状态。忘/妄念，有两个妄/妄忘，一个忘记的忘，一个虚妄的妄。忘记的忘就是说你忘记了，当时想不起来；虚妄的妄就是说你妄想纷飞。你真正有信心的时候，是片断的，所以你必须不断去串习，确保时时刻刻都能够用佛法的名言来思维，来观察。你用佛法的名言来思维，就很清楚自己要买一部什么车，要用来做什么，然后才考虑要买什么品牌的，买多高价位的。你就不会执着于汽车本身，而会先把使用目的和车的功能搞清楚。

学佛法也一样。我们的目的是什么？佛法有哪些功能？它能够有哪些作用？我们有没有受用？我们没有受用，就是说我们用法，在操作的过程中还有不足，还有问题，那么我们就要去历练。我们认真学佛法，直到最后成佛，在这一生中，你至少先种正因。但是从佛法的基本理论来讲，末法时代，世界的整个共业、佛法的共业环境每况愈下。每况愈下，意味着你要用更大的心力，串习更大的佛法的力量，这样你的后生才会有保障，才会有希望。

在学习、工作、生活中运用佛法，绝对不会矛盾。你不能认为你学佛法了就可以不怎么样，或不可以不怎么样，那都不行。你在学习、工作、生活的过程中，都是可以用佛法的，只要是跟你接触的人，你都可以用佛法度他。你不一定要执着非彼即此，那就是对立状态了。对立状态，说明我们头脑里有很多的分别心！分别心太多，就不行。分别心一多，你对于每天接触的世间种种的信息，就没有办法用佛法来观察。

如果你真正能用佛法来观察，用佛法来观照，那么所有世间的东西，一切的事物，你都可以把它归结到“色受想行识”之中。

物质都在色蕴里。受就是感受，痛苦的感受，快乐的感受，主要是这两种。当然也有欢喜的感受，忧伤、忧愁的感受，这也都是人的感受。你有各方面很深的感受，才有办法去体会别人的种种感受。我们常常跟人家说话不投机，就是因为自己没有办法体会人家心里的感受，所以用不对路子。

想就是安立名言，取相。取相是什么意思？就是你拿了照相机照相，取什么相关系很大，乱照的话只会浪费胶卷，因为乱照的照片不能用，过后还得删掉。所以取景很关键，取景就是你观察问题的角度。然后，你给这张照片起一个标题，就很有意境了。在日常生活中，你的眼睛就像快门一样，一直在取相，不过你取的可能都是乱相，全部取到自己心里去了。这就是说你的头脑是模糊的，是乱的。这就是想蕴。

行蕴是什么意思呢？行蕴就是造作。造作，就如你使用照相机要聚焦，焦距已经搞错了，可你还一直按快门，按得越多，只会有越多不如意的照片，其实这就是造作。

识，就是了别、分别、判断，判断必须是明了的，明了必须是智慧现前，智慧现前才是判断。如果不是智慧现前，那就是虚妄分别。虚妄分别是你内心的比较，它不是外在客观存在的真实情况。所以我们学佛法就是要智慧地判断，要明了、分明，而不是以我们的角度来评论。就像面对一座建筑一样，你以你的角度来评论，他以他的角度来评论。比如对一幅字或者一幅画，1000个人可以做出1000个分别。那都是世间法，都不是佛法。所有这些，都要引到佛法的本身来，都要跟自己生命的转换有关系。因为接受了世间的名言体系以后，通过佛法来观察，你就可以把它转化成五蕴——色受想行识。哪个蕴有问题，就从哪个蕴下手：受蕴有问题，你就从受蕴下手；想蕴有问题，你就从想蕴下手；行蕴有问题，你就从行蕴下手。

所有这些你要慢慢去学，在学的过程中，就会有更多的体会，这样才有办法契理契机。

不要為過去活着
要為未來活着
不要為一個人活着
要為許許多多
的人活着內心
的大門才不會
关閉內心的温
暖才不會熄
滅
見行堂語
恭録恩師上學下誠
大和尚言教

我們來到這個世界是
為了創造更美好的
未來，要做好人、不
要做一個痛苦的
人、委屈的人，要
做一個快樂的
人、有力量的人
見行
堂語
恭錄恩師
學誠大和
尚言教

小孩子之間可能為了一個玩具而爭斗，大人卻不會在意，因為大人的心中有更重要的追求。同樣，我們心中有了對悲、智、願、行的追求，就容易放下對財色名食睡的追求。真正的與世無爭，并不是消極逃避，而是一種超越
見行堂語
恭錄恩師學誠
大和尚言教

活在昨天的
人也會錯
過今天
見行堂語
恭錄恩師上學下誠大和尚言教

愿你没有白白受苦

第11章

如何培养信心

2006年8月8日

学诚法师在七一五法会皈依仪式上开示

愿你没有白白受苦

大家可以思考一下，自己问自己，为什么要来皈依，要来听我讲佛法？第二个问题，大家在听我讲佛法的时候，内心是一种什么状态？第三个问题，我讲了佛法，传授了皈依，大家回去后该怎么做？也就是说，大家现在是以一种什么心情，以一种什么态度，用一种怎样的思想认识，在听我讲佛法，认识皈依的重要性？这个问题很重要。

我们常常强调听闻佛法的重要性。为什么要强调呢？原因就是，我们从小到大，在社会上接受的教育跟佛法的教育是有差异的，甚至有本质上的不同。

我们在世俗社会所接受的教育，是在告诉人们谋生的方法、谋生的手段，也就是如何让自己的生活越来越好。这只是说要让自己的生活越来越好，很难考虑到让大家的生活越来越好，让所

有众生，包括整个地球上的人与动物的生活越来越好。佛法普度众生，考虑问题的基点，是面对一切生命，尊重一切生命，解脱一切生命的痛苦，而不是只考虑到一部分人，只考虑到少数人，甚至只考虑到个人。

我们在学校上学的时候，分数对一个学生来说是最重要的，也就是说，读书的目的就是为了有一个好的分数；在社会上工作的时候，自己的地位、财富，就是最重要的；到老一点的时候，健康就是最重要的。这也就是说，我们在少年、青年、中年、老年的各个阶段，无非是分别以自己的学习，以自己的工作，以自己的健康作为自己生活在世间的目的和意义。但是，我们的学习、我们的工作、我们的健康，只是我们生命外在的表现方式而已，只是我们生命的现象而已，不是我们实在的生命。

佛法如何来认识自己的生命？佛法如何来帮助我们提升自己生命的品质？这其实就是生命的教育、心灵的教育、佛法的教育。佛法的教育就是让我们开智慧，开大智慧，这是我们主要的目的。佛法的教育，就是让我们以佛法的观点去认识人世间的万事万物。

大家要注意，前提是以佛法的观点来认识世界，而不是以世间的观点来认识世界，更不是以世间的观点来认识佛法。

现在社会上，很多书店里在出售一些有关佛言佛语的书籍。很多人买回去，看来看去看半天，就觉得懂得了佛法，甚至认为自己懂得了很多佛法。实际上那些完全就不是佛法，只是一些佛法概念，只是一些佛教文化，甚至是比较低级的佛教文化，和佛法的本意是不一样的。

佛法的本意是引导一切众生究竟离苦得乐，提升自己的生命品质。必须是真正有修、有证、有境界的佛菩萨、大德法师所讲出来的法，才能够在我们生命的、内心的最深层次点燃热情，照亮我们内心最黑暗的部分。

许许多多的人，在不同的时候，会有一些不同的需求。这些需求无非为了满足自己眼前的需要。自己热了，就需要电风扇，需要空调；冷了就需要暖气；病了就要吃药；渴了就要喝水；心情不好就到外面旅游散散心；寂寞了就给朋友打电话聊聊天；困了就去睡觉；肚子饿了就去吃饭……这就是人在生活中的自然状态，并没有很认真地思考自己的生命到底是什么。

另外，社会上有很多人，如知识分子、事业有成的人，一生只偏重一个领域，研究数学，研究物理，研究化学，研究计算机，研究企业管理、社会管理，诸如此类，将自己一生的时间和精力专注于某一点。当然，我们不能说这一点没有意义，这一点对社会也是有意义的，是有积极的意义的。但是这和自己的生命问题是不一样的，即如何让自己的生命更加有内涵？如何来扩充自己对宇宙人生的正确、深刻的认识，让自己的内心越来越实在，让自己的内心越来越幸福，让自己越来越有智慧，让自己能够最大限度地去帮助社会、帮助众生解决问题？

一个能力、知识、文化、智力不占优势的人，通过学习佛法，知识会越来越丰富，能力会越来越强，越来越对大家有帮助、有意义。而文化知识水平比较高的、智商比较高的、能力比较强的人，如果来学佛法的话，也不会因为自己学了佛法，文化素质就降低了，能力就减弱了，智力就衰退了，不会这样。事实上，以我们比较好的条件、比较强的能力来学佛法，会使自己生命的动力更强，使自己生命的方向更明确，对社会、众生的帮助更大。不会说是你学了佛法以后就消极了，就落伍了，不是那么回事。自己在世间拥有好的条件，学了佛法以后如虎添翼，就会更好，好上加好。这个观念也是非常重要的。

长期以来，不少人认为，信仰佛法、皈依佛门，都是那些层次比较低、问题比较多的人的需要，这种认识本身就是不科学的，是片面的。佛法要度的人，需要佛法的人，恰恰是各方面条件比较好的人。因为这样的人能接受佛法，理解佛法讲的是什么；他们学了以后，能够真正对自己、对他人、对社会、对国家有助益。这是一种辩证关系。

大家听佛法，首先要去听，我所讲的这些是什么道理。我们要认识、理解它有什么意义。其次，理解以后，要与自己的生命相联系，慢慢去消化，把它变成自己生命的一种力量、一种动力。

皈依三宝——佛法僧，是非常重要的。为什么说非常重要呢？皈依了之后就意味着自己是一个佛教徒了，这一点是生命重大的变革，使自己思想上的认识有了一个彻底的转变。你是一个佛教徒，这意味着你不仅仅是一个人了。当然佛教徒也是人，他本身就是人，人来接受皈依，但是接受皈依以后，他就变成佛教徒了。所谓佛教徒，就是佛教里的人，佛教大家庭里的一员，所以我们要根据佛法的标准去做事，要根据佛法的标准和要求去思考问题，去认识世界，去改造自己。

所以，我们皈依以后就要学习佛法。如果不学习佛法，作为一名佛教徒就仅仅是徒有其名，是一个似是而非的佛教徒。这样的话，虽然我们接受了皈依，但我们所理解的佛法同佛法的本意相差甚远，甚至背道而驰。这是非常悲哀、非常可怜的。

我们长期以来在世俗社会上生活，都是靠眼睛看，靠耳朵听。通过眼睛看，通过耳朵听，我们在自己的第六意识里，在自己的心里，就会产生一些概念。心里有些概念，我们才会表达出来给人家看，给人家听。心里有些概念，写在书本上，就变成文字给人家看；发在语言上，就变成声音给人家听。世间所有的语言文字都是我们思想意识里的符号，也就是说语言文字是我们思想、思考的符号，我们根据这些符号来思想，来生活，根据这些符号来与人相处，来指导自己的身心，让自己的行为越来越规范，越来越善良，让我们内在那些不健康、不善良、负面的情绪，全部消失。

学习佛法，如果受益了，首先表现为自己的身心非常和乐，身心非常和谐，法喜充满，得到佛法的欢喜，得到佛法的快乐。自己有佛法，身心和乐，那么你同家人相处，你的家人自然也会受到你这样一种状态的影响和感染，家庭也就和睦了。每一个家庭都和睦，社会自然就会和谐。所以我们皈依、学习佛法的目的，对个人来讲就是让身心和乐，对家庭来讲就是让家庭和睦，对社会来讲就是让社会和谐，它是能够产生实实在在的作用和力量的。

佛法僧三宝，僧宝和法宝，我们可能都不陌生，那么佛呢，大家都能看到佛像。佛像，我们应该把它当成佛。实际上很多人很难把佛像当成佛，因为看到的仅仅是佛菩萨的形相，很难真正把它当成佛。那怎么办呢？如何在自己的心里，在认识上确认佛菩萨的存在？也就是我们该如何来培养对佛菩萨的信心，如何来认识佛菩萨的存在？我们对佛经的认识，对出家人存在性的认识是比较容易的，但是对于佛菩萨，如何来认识他的存在，是很重要的一个问题。

我们不能认识到佛菩萨的存在，但是我们是不是就认识到了佛菩萨的不存在？很少人敢下这个定论，说没有佛菩萨。为什么这么讲呢？佛，在印度实实在在有这样的人；文殊菩萨、普贤菩萨、地藏菩萨，在历史上也都是真实存在的。这是发生过的事实。那么，他们在历史上存在，能不能对我们有帮助，能不能对我们有作用？在历史上存在，是不是意味着现在就存在或者说现在就不存在？我们中国历史上出了很多皇帝，出了很多民族英雄，出了很多有成就、有作为的人，他们在历史上存在，那么我们就不能说他们现在不存在了。说现在不存在，只是表示现在不存在他在历史上存在过的那样一种状态，但是不能说他的作用没有影响到现在。

佛菩萨，本身就不是非常具象的人。非常具象的人，仅仅是佛菩萨的表现、佛菩萨的示现。佛菩萨本身是一种清净圆满的境界，他已经圆满了，已经代表一切了。犹如我们世间的一切信

息，信息是无时无处不在的，只要我们拥有能接收信息的仪器，就能够收到信息。佛菩萨也是一样。

如果佛菩萨不存在的话，那么为什么我们来到寺庙里，身心会非常宁静，内心会如此善良？我们念经的时候，跟我们看世间的杂书、世间的小说不一样；我们参加法会的时候，不同于我们看戏看电影。那种感受完全不一样，这是我们肯定有所体会的。我们打坐的时候，我们礼拜的时候，我们念经的时候，有那样的一种心情，一种信仰的力量，一种虔诚的力量，一种对佛菩萨的虔诚、祈求，会让我们内心越来越清净，对佛菩萨的认识和感受越来越明确，越来越清明，越来越有力量。这种力量产生以后，我们对外在的人、外在的事的认识，也会越来越清楚。

如果我们认识不到佛菩萨的真实存在，就说明我们内心有问题，我们信心有问题。因为我们信心有问题，就不容易认识到那些无形无相的事物的存在。

正是因为内心有问题，我们有时候听到某个地方某一个人多了不起，做了多少好事，就会即刻排斥，就会想：没有这回事，这都是骗人的，都是为了宣传，都是有目的的。有时候有人来帮助你，你却会想，他没有那么好心。这就是我们内心的分别，内心贪嗔痴烦恼的写照。我们不容易去认识，去接受世间有那么多好人，有那么多能够帮助我们的人，有那么多对我们生命有意义、有影响、有帮助的人。我们不容易认识到他们的存在。

我们对这些有形有相的人和事的善良美好，对其存在性都认识不到，都不容易承认，更何况对清净圆满的佛菩萨呢？因为认识不到，我们就说没有，或者说可有可无，或者说不能下结论。

一个人能真实地感受到佛菩萨的存在，这是非常了不起、非常有善根的。要说明他存在，不一定非要现出来给你看。比如我说话，大家就能够认识到我的存在，因为你耳朵听得到嘛。所以不一定要看到，才能够说他存在。我对大家表示一个动作，大家都知道我对大家是善意的，那么你就会认识到这种存在——“对你好”这种存在。所以，当我们看到佛菩萨的形相，看到佛像，内心觉得佛菩萨非常清净、非常圆满、非常慈悲，那么他就是存在的，明白吗？

我们学佛法，就是要培养一种信心。信心怎么培养？就是从认识不到佛菩萨的存在，慢慢培养，直到能够认识到他的存在，认识到他对我们的感应、对我们的加持。那么这种力量就能在我们内心不断增强，我们才会根据佛菩萨的开示，根据佛教的理论去学习，去实践。我们如果对前提都怀疑，自然对佛言佛语，对佛法就不容易认真去学习了。所以我们应该非常清楚地认识到佛菩萨的存在和他的意义。

佛菩萨不是一个凡人，他是圣者，他是一切智智，他存在于圣者的世界，圣人的世界，而不是凡夫的世界。不要说圣者的世界，就连外星球的世界我们也很难理解它的存在。外星球的生命是不是存在？生命形态是什么样的？这些我们都很难下结论。狗的世界、猫的世界、鱼的世界、毛毛虫的世界，我们能了解吗？我们都很难了解。当然我们对饿鬼的世界、地狱的世界更不好理解，因为我们对畜生道的世界都理解不了。我们看到地上有很多的蚂蚁，天空有很多的小鸟，很多的蝴蝶，但是我们知道它们在一个怎样的世界吗？它们彼此怎么认识对方的存在和意义？它们是如何思考的？它们如何来表达自己的感情和意志？它们彼此之间是如何进行沟通和交流的？这些我们是不知道的，或者说知道得很少很少，可能只有研究动物的那些专家了解得多一点。

我要说明的是什么呢？就是说，一个人对世界的认识是很少很少的，是非常有限、非常片面的，只有一点点，一点点。对有形有相的现实世界的认识尚且如此不足，更何况对佛菩萨所在的这样一个清净无为无染、究竟圆满的世界？

我们如果认识不到，该怎么办呢？我们就要信，就是培养信心，相信就是不能怀疑，这是很重要的。我们在寺庙里听法师讲法，目的就是让大家对佛法僧三宝生起信心。生起信心以后，其他的问题自然迎刃而解了。

因为我们出家法师长期以来在庙里根据释迦牟尼佛的理论，一直在思考，一直在实践，所以有一定的经验。他们通过自己用功，把经验分享给大家，传递给大家，让大家以佛法修学经验为基础，并能够在这个基础上，真正去认识佛法的本质，尝到佛法的甜头，改变自己生命的方向，提升自己生命的品质。以此祝福大家。

一直向外求成功、求
認同，以此來滿足
自我的成就感，會
給心靈套上沉重
的枷鎖。外表很
光鮮，內心卻充滿
痛苦和空虛。
要向內求，開發
自己內心的寶藏
見行堂語
恭錄恩師上學下誠
大和尚言教

最好的祈福就
是思想善良
語言善良行
為善良
見行堂語
恭録恩師上學下誠
大和尚言教

弟子問師父
妄念怎麽辦
師父說不要理它
不怕念起
就怕覺遲(迟chí)
見行堂語
恭錄恩師上學下誠大和尚言教

放生 就是要把我們內心
當中的這些殺心、殺機、損
惱眾生的動機和煩惱，去
掉、放掉
見行堂語

愿你没有白白受苦

第12章

不忘初心，从修心始

2011年3月23日

学诚法师在龙泉寺传授皈依时开示

愿你没有白白受苦
西单
佛

到庙里来皈依，首先要明白我们为什么来皈依？皈依肯定是要得到利益，这样大家才会来。但是佛法的利益跟世间的利益有所不同。在世间，我们花了几十年的时间，去追求各种成就，可成就得到的时候，并不能满足我们的内心，所以我们才要去寻求心灵上的皈依。我们在世间所追求的，无非是物质层面的，有好的吃穿，有好的环境，有社会上的地位。这是普通人所追求的目标——生活的目标、工作的目标、现实的目标、今生今世的目标。

这些目标有大有小，而人内心的目标，总是很大的。往往你达到的目标与内心的目标会有很大的差距，这样就引发很多很多的痛苦。比如你想一年赚10万块钱，结果没有赚到，只赚到5万，甚至只赚到1万，也有可能本钱都亏掉了，那心里就会有很大的落差。

因此我们在很长一段时间里，在社会上生活也好，生存也好，工作也好，都局限于这样一些眼前的、短暂的目标。所以我们就无法真正感受到自己活在人世间的意义。当我们对自己走过的几十年的路程回首、反省的时候，就会感觉到疲倦，感觉到无奈，感觉到自己再上进的可能性不太大，感觉到自己正面的内在动力不足，等等，所以我们会去寻找生命的皈依，那就是学佛、信佛。

学佛、信佛和不学佛明显的不同在什么地方呢？不学佛的人、不信佛的人、没有接触过佛教的人，往往一整天都活在烦恼中，自己却察觉不出来，察觉不出来自己有贪嗔痴慢疑这些烦恼。脾气不好、性格不好、人品不善良等，他都很不容易察觉出来。而学佛的人尤其学佛比较久的人，就会很明了，自己起的什么心，自己动的什么念，自己现在有什么烦恼，他一下就知道了。他知道这样不对，这就是很明显的不同。

为什么会这样呢？因为如果他没有学佛，就认识不到内心会有烦恼相；乃至于烦恼是个什么东西，行相是个什么东西，他都不知道。这种状态是什么样的，他认识不到。他有一种感觉，就是很苦很苦，但是他不知道这种苦的行相是什么东西。

接触佛法以后，学佛法以后，他才慢慢地知道，苦里有什么感觉，这是种什么状态，内心的感觉就很明显了。

好多人到庙里边来，心情即刻放松了，心情即刻平静了，内心很愉悦，跟大家相处也非常和谐、轻安。为什么会这样呢？这就是人从烦恼的阴影中走出来，到庙里边来，看到的是清净的佛法僧三宝的形相。这些形相就取代了内心原来所拥有的那些烦恼相。所以在道场里边，第一步就是庄严道场，这样，大家才能生欢喜心，生清净心，消除长期以来不能停歇的烦恼所产生的问题。所以外在形相对我们内心的影响也是很大的。

不过，我们不能仅仅停留在寺庙的这种清净庄严的形相上，那还不足。这些清净庄严的形相都是由很多很多的法师、义工、居士共同发心成就庄严起来的，是内心清净景象的表现。皈依之后，开始学佛法，我们就要修行，修行就是修心。修什么心呢？修内心清净的形相，修内心善良的形相，修内心慈悲的形相，修内心智慧的形相。内心有了这些之后，我们自然就知道，与人，与不同的人，与不同层次的人，与不同身份的人应该怎么接触，内心会很灵敏，内心会有一种觉照的力量，知道该怎么办。

我们皈依三宝，就是要寻找生命的意义。寻找生命的意义，前提是认识到自己生命的意义是什么。我们做每一件事情都要觉得它有意义才行，如果这件事情没有意义，就不会去做。一个人的生命更是如此。一个人的生命，从生到死，生从何来，死往何去，我们怎么生，怎么活，怎么死，一定有它的意义。从生到死整个过程都是我们活的状态，我们要怎么活，这就是生命的意义。佛教里的这种生活状态，就是超越轮回的状态。

一个人如果内心有佛法，就不会那么颠倒，就知道怎样对待死亡，更重要的是知道如何对待活着的人。现在社会上有不少人，活着的时候大家对他不理不睬，死了以后大家都过来关心。其实这种现象对人来讲是很不正常的。人活着的时候，应该互相关照，到对方死了以后再来关照，就来不及了。活着的时候就一天天好好活，一天天好好工作，好好努力，好好用功。我们跟家人、朋友的关系要处理好，孝顺父母，团结兄弟，朋友之间互相帮助；在学校尊重老师，在单位尊重领导，要讲礼貌，以礼待人。这些都要在内心建立佛法的观念之后，才有办法做到。如果没有建立佛法的观念，我们就容易没有主见，别人怎么做，我们也怎么做。别人放鞭炮我们也放鞭炮，别人哭我们也哭，别人笑我们也笑。这些都是世间的状态。

佛法就会讲，为什么说对人微笑，我们就能够认识到世间的一切都是无常的，人也是无常的。《般若心经》里说“照见五蕴皆空，度一切苦厄”，我们人，五蕴和合而有。和合，是五蕴的和，如果起烦恼，就说明我们五蕴不和。五蕴和合而有，是一种假有。人的生命不能离开五蕴，但是人的生命不能说就是五蕴，就是说人的生命状态和五蕴有一种难舍难分的关系。

一个人如果非常执着于自己，那么佛法就不容易学进去；如果非常执着于自己的五蕴，觉得自己如何如何，那么佛法就不容易学好，人的生命层次就不容易得到提升。但是如果完全反过来，一个人如果对自己的生命无所谓，不忠诚，不努力，不进取，这种态度也是不对的，人的生命状态也不能得到提升。只有他真正认识到，五蕴能够让自己觉悟，自己觉悟的每一个念头，自己日常生活中的每一件事，自己所说的每一句话，都应该是觉悟的状态，都应该是正确的，那样，他的生命状态才能够得到提升。

比如我们念佛，念“南无观世音菩萨”“南无阿弥陀佛”，乃至念经，乃至持咒，乃至礼拜，都有很多很多功德，很大的功德。你说这是一个动作，怎么会有功德呢？佛的功德都是通过身语意的形式获得的。我们念了佛号，我们的意业，我们的口业，就跟佛相应了。我们礼拜，那我们的身业，我们的意业，也跟佛

相应了。所以我们念经、念佛、持咒、礼拜，身语意三业都能够同佛的境界、同佛的三业相应。我们身语意三业，都有佛法，我们就跟佛法相应了。佛是一种境界，他大彻大悟，福德智慧圆满。只有自己的生命状态达到那样一种程度，我们才能感受到自己跟佛法相应的程度。如果我们的信心和虔诚的程度没有达到那种程度，我们的体会就比较浅。

古来祖师大德在佛法上的成就，特别是佛法事业方面的成就，都是通过自己内心对佛法真正有体会，真正建立了正确的知见并且没有动摇而获得的。一个人说的话、做的事、内心想的问题完全跟佛法相应，那他成就就广大。如果做不到相应，那么我们都是在造散乱的业，一天到晚、一年到头都是在造散乱的业。造散落的业怎么能够成就事业呢？成就不了。造散乱的业，内心是不清明的状态，是糊里糊涂的状态，那就不行。

在寺院里学习、生活，我们要讲前行、正行、结行。正行就是我们正在努力，正在修行。前行是什么呢？发愿。结行呢？回向。发愿和回向都很关键，做你想做的事情，那就是发愿；做完了你就回向，把这些功德回向法界有情，回向自己的父母师长、冤亲债主等。发愿和回向，都是有它的愿力的。

如果我们发过愿以后没有去落实，就是在发愿和回向的过程中没有真正去努力，那我们发的愿就是一个空的愿，一个虚的愿，一个不实在的愿。比如我们发四宏誓愿——“众生无边誓愿度，烦恼无尽誓愿断，法门无量誓愿学，佛道无上誓愿成”，如果发了这愿心，真正有了这愿心，那么看到任何人，你都会有那种心，想要去帮助他。就不会在遇到一个人、遇到一件事时，说与自己无关了，因为这些人、这些事已经在自己的愿力里了。

二乘里的佛和菩萨不一样，二乘人乐简畏繁，自己用功修行解脱。而大乘人、大乘菩萨发的愿，以度人为主，以度众生为目的。

主要问题是，你发了愿之后，接下来怎么办，怎么努力，怎么用功，怎么修行，怎么发心，怎么下手？这都有个学习的过程、用功的过程。

这个过程是同我们身语意三业相关的。我们说的话，我们做的事，我们的起心动念，使得我们一天到晚身心都是散乱的。该怎么办呢？寺院里就有些规定，早上4点到晚上10点之间，哪一时，哪一刻，在什么地方，做什么事，怎么用功，都有规定。让自己的身心不散乱，让身心符合佛法的状态和规律，就需要培养和训练这样一种能力和这样一种规范。而对于山下的居士来说，他们没有这种条件，所以过一段时间，比如过一两个星期，就到山上来熏染，就到山上来学习、加油，这是非常必要的。否则时间长了，烦恼起来，邪见起来，都是不容易去掉的。

为什么佛法说正知见很重要？你没有正知见就会有邪见，有了邪见即你的见解错了，你的认识错了，问题自然都来了。所以，到寺庙里边来亲近三宝、学佛法，就是要不断地建立和熏习佛法的正知见，明了我们一天到晚的心念，察觉我们一天到晚身语意三业是在造什么业。

不是说我们一整天都用来察觉哪里不足，对不足固然要去察觉，更重要的是我们要清楚一天到晚动了哪些善念，做了哪些善业，说了哪些善语。这与人的用心有关，修行就是累积善业。身语意的善业不断累积，累积时间长了，自然内心的力量就源源不绝；如果不是持续无间断地累积，那么内心的力量就会若有若无，若有若无这种状态就不好。

我们学佛法，一方面要破自己的我执、法执，一方面要熏习、建立佛法的稳固的正知见。如果稳固的佛法正知见建立不起来，那么无论你学了多久佛法也难说不会退失。只要我们有正知见在内心产生作用，产生力量，然后自己再真正照着佛法去实践，那我们整个人，人的生命、人的成就，都会变得非常不可思议。

佛教是实践的宗教，它不只是理论的，而是能够落实的，八万四千法门，种种的方法，就是告诉我们如何下手，如何用功，如何校正自己身语意的行为。只要我们有了这样一种心愿，慢慢去探讨，去总结，去交流，一天天去做，就会越来越好。

所謂超越輪
迴就是意識
到我們意識
清醒的時候
同晚上睡覺
糊涂的時候
是同一個人
見行堂語
恭錄惠師上學下誠
大和尚言教

世間人就是這樣
拼命奔波忙碌，命
可以不要，但是
「我」不能沒有

見行堂語

恭錄恩師學誠
大和尚言教

弟子問師父，擔心會走彎路
師父說走點彎路不要緊，但
不能走邪路
恭錄恩師上學下誠大和尚言教

修行不是形式
是心心念念對自己
念頭的觀照
見行堂語
恭錄恩師學誠
大和尚言教

愿你没有白白受苦

第13章

修行开智慧

2011年5月1日

学诚法师在龙泉寺皈依仪式上开示

愿你没有白白受苦

在社会上我们读了很多的书，也掌握了很多的知识，很有文化，不过这些文化知识和佛经的道理是不同的。学佛法是为了开发我们的智慧。有智慧的人内心清净、单纯、善良，没有智慧的人内心苦恼、烦躁、复杂。我们掌握很多的知识，不一定就能让我们的内心单纯、清净。有时候，人的知识越多，分别心越重，思想就越复杂，每天想来想去，理不出头绪。到寺庙里边来，皈依三宝之后，我们要得到的是佛教的智慧。所以说，我们不仅要有知识，更重要的是要有智慧。

皈依以后，我们要学佛、学法、学僧。我们学佛法僧的前提是相信，信佛、信法、信僧，信仰三宝。信佛，佛大彻大悟，智慧圆满，悲智圆满，有大悲心，有菩提心，这些我们要相信。我们要相信佛有这种力量，有这种功德。我们一般在理路上、在文字上说佛有大神通，有大功德，实际上要从心里相信佛有这种能力，是不容易的。能够真正相信这一点，算说是信佛的开始。大家从不同地方到寺庙里来参加活动、皈依，都是因为佛的缘故。

佛多生多世修行，最后才成佛。佛法流传下来，我们今天才能够学习，佛法本身就是佛的大慈悲心、佛的殊胜功德。如果佛没有这殊胜的功德，没有大悲心，没有大愿力，就不容易摄受这么多人。从这一点来说，佛有这方面的能力，有这方面的功德，我们要相信。如果你不相信，就不容易得到佛法的感应。你信得真切，信得真诚，得到的感应、加持就会很大。如果你半信半疑，就不容易获得这种感应、加持。佛本身就有利益众生的能力，我们相信以后，自己就会变得不一样，整个心态会变得不一样。

有智慧的人，他对日常生活中所遇到境界的判断跟一般人不同，好的他能够保持下去，不好的他能够使其变成好的，把逆境转化为顺境。没有学佛法的人遇到逆境，就容易过不去。他对看不惯的人、看不惯的事，对麻烦的事情、头疼的事情全过不去。用烦恼心来看问题，问题也成了烦恼的一种体现，烦恼跟烦恼相应，自然就过不去了。有智慧的人遇到烦恼，遇到逆境，能把它们当作转机。我们常常讲，危机就是转机，一有转机就能够有所改变，逆境可以变为顺境，不好的可以变成好的。这就需要佛法的力量，佛法的智慧。

如果没有佛法的智慧，我们遇到逆境，哪怕很小很小的逆境，就有可能永远过不去了。所以，我们来到寺庙里边学习佛法，就是为了得到这种智慧。有智慧，我们在生活中就能够自在，就能够解脱，就能够轻安。

佛法的智慧，从信佛、学佛开始。我们信佛、学佛了，那么开智慧就是很简单的事情。念经也好，拜佛也好，持咒也好，出坡劳动也好，都是我们积聚资粮、开发智慧的条件。没有这些条件，我们的智慧开不了。不是说你想开智慧，你的智慧就开了的，只有种种条件具足了才行。我们出门的时候，看到种种的人，遇到种种的事，有好的也有不好的。人有大人也有小人，有男众也有女众，有高的、矮的、胖的、瘦的，有各种分别心，这些外在的形相就会影响人的内心。两个小孩，一个高、一个矮，一个胖、一个瘦，一个比较调皮、一个比较听话……我们很容易这样去分别。我们看到林林总总的事物的时候，不会意识到外在种种形相的分别，其实都是我们的心分别出来的。有时候很难说哪一个人、哪一件事情比较好，哪一个人、哪一件事情比较差，其实是不好比较的，我们的比较往往是以自己心态来比较的。因此，种种的分别产生种种的烦恼，种种的烦恼引发种种的执着，种种的执着带来种种的痛苦，这都是没有智慧的表现。

人如果有了智慧，看问题就不同了。有智慧，他看到的所有这些都是自己内心的展现，即心即佛，即心是佛。我们的心是无形无相的，心包太虚，量周沙界；我们的心是无比广阔的，所有的见闻觉知、有为法、无为法，都跟自己的心有关系。心悟了，是出世间法，如果在外在的境界上分别，说明你还是处在世间法的层面。因为处在世间法的层面，所以有种种世间法的分别、比较、纷争、斗争等。

我们学佛法的目的是超越世间的种种对立，靠佛法来观察，认识到世间的一切都跟自心有关系，然后慢慢培养自己的慈悲心、菩提心，这就是学佛法的开始。学佛法的目的是让自己的心越来越善良。皈依的时候我们会有一些课程，大家一步一步去学习，去用功，慢慢就进步了。我们的心态改变了，我们的心变善良了，我们的内心有力量了，每个人每一天都非常快乐、自在，这就是学佛的妙用。如果自己常常起烦恼，而且烦躁不安，有种种问题，那就说明佛法学得不够，佛法学得不好。

大家要常常来寺院里参加活动，积聚资粮，发心，反观自己的内心，查找自己内心的问题，然后与同行善友多交流，得到别人的帮助，这样我们才有办法越学越好。

我們從小到大，都在熏習自我的概念
聽任我們自己的意志在想，別人對我
怎麼看？別人對我印象好不好？別人
對我的感覺好不好？別人有沒有
批評我？有沒有說我？
有沒有讚揚我？
有沒有說我
壞話？有沒有
說我好話？時時
刻刻都在收集別人對自己有关
的信息，那怎麼解脫呢？

見行堂語

恭錄思師上學下誠
大和尚言教

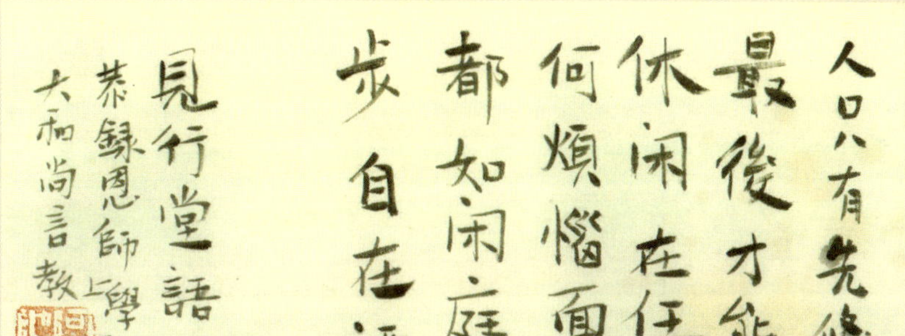
人只有先修行
最後才能
休闲在任
何煩惱面前
都知闲庭信
步自在洒脫
見行堂語
恭錄恩師上學下誠
大和尚言教

以平常心
對無常事
見行堂語
恭錄恩師學誠大和尚言教

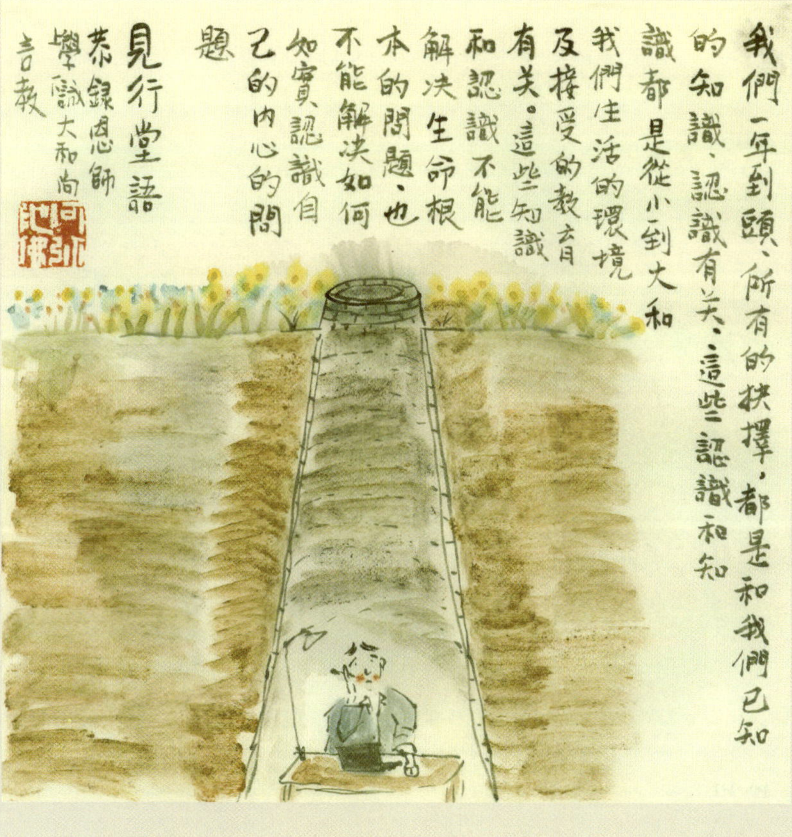
我們一年到頭、所有的抉擇，都是和我們已知
的知識、認識有关。這些認識和知
識都是從小到大和
我們生活的環境
及接受的教育
有关。這些知識
和認識不能
解决生命根
本的問題、也
不能解决如何
如實認識自
己的内心的問
題
見行堂語
恭錄恩師
學誠大和尚
言教

愿你没有白白受苦

第14章

心中当有标准

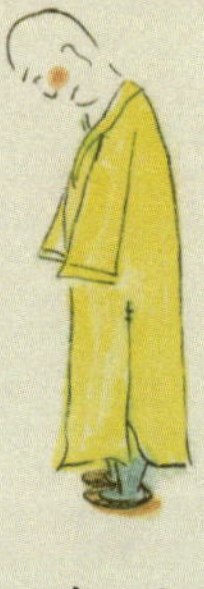

2011年7月19日

学诚法师在“法门之光”皈依仪式上开示

愿你没有白白受苦

皈依是正信佛教的第一课，很重要。大家来这里，是自己要受皈依，是自己发愿的，犹如我们在学校里学习，是自愿的。一个人能否成功地做一件事情，如上学能否取得好成绩，在于他本身是否有智慧，是否有主动性。

我们皈依，了解佛法，也是如此。发愿皈依后，就要请圣——请佛菩萨到这里来参加我们的皈依法会；然后要忏悔，忏悔我们过去造的一些业障；接下来才是真正皈依；皈依后还要发愿，发愿度众生，这才圆满了。

皈依三宝是指皈依佛宝，皈依法宝，皈依僧宝。佛，是觉悟的人，觉者。法，就是规范，就是标准。觉悟的人，是有标准的，他跟不觉悟的人是不同的。僧，就是照这个标准去实践的人，是一群快乐、和合、团结的人。这就是三宝。

只有觉悟的人说出来的话才能够引导我们进入快乐的境界。觉悟的人讲话的标准与不觉悟的人是不同的。制定标准很重要，我们在社会上也是如此。因为有标准，我们才有办法生活，才有办法工作，才有办法学习。这个标准就是法。世间的标准，用佛教的话来讲，也包括在法的范畴中。世间各个领域都有标准，都有指标。一栋房子牢固不牢固，有它的指标；食品安全不安全，有指标；学生成绩好不好，也有指标……这些是世间的标准。佛法包含两个方面，世间的标准和超越世间的标准，后者也就是出世间的标准。出世间，不是说不要世间，离开世间，而是超越了世间，超越了标准的标准。我们皈依佛法，就是要得到这两种标准：世间的标准和超越标准的标准。《金刚经》里讲，“一切圣贤皆以无为法而有差别”。佛菩萨，他们的差别体现在无为法的体悟上。也就是说，你对世间标准超越的能力越强，对佛法的体悟也就越深。

我们为什么要皈依？如果没有皈依，我们就会处在无明、烦恼、迷惑的状态中，就不是一个觉悟的人。皈依以后，我们要去追求成圣成贤这个目标，希望自己也能够觉悟，这是很重要的。在世间可能很难找到这样一种学问，自己照着做，就会生活得非常快乐。2000多年来，佛门里有很多出家人在修行，有很多的居士来护持、来参加活动，他们的动力根源就在于三宝，就在于他们都是皈依三宝的人，也就是说他们内心世界是不同的。有了三宝以后，内心世界是光明的，内心世界是有力量的，内心世界是清净的，这就是原因。

我们做一场佛事先要请师。请师，就代表着对老师的尊重。我们在世间能不能进步，就看在家里是不是孝顺父母，在学校里是不是尊重老师，或者说在学校里老师有没有得到大家的尊重，有没有这样的氛围和风气，这是很重要的。只有尊重老师，或者说老师得到尊重，老师拥有被尊重的社会地位，这个社会的文明程度才会高。反之，如果老师得不到尊重，父母得不到自己子女的孝顺，那学校、家庭、社会就会出问题，甚至是非常严重的问题。佛门一直以来都是如此，对自己的师父，对寺院里比较有修行的法师，对为我们讲法的法师，我们都是非常尊重的。皈，就是皈投；依，就是依靠。皈投、依靠佛法僧，我们才能觉悟，才能有做人的标准，才会有成圣成贤的标准。皈依僧，跟着这些人一起来做事，一起来修行、用功，一起来学习佛经，理解佛法，实践佛法，我们才能够快乐。快乐来自人的内心，快乐不是来自身外。如何发掘我们内心快乐、幸福、欢喜的源泉？就要靠佛法。

佛法是佛陀、菩萨、祖师大德觉悟后说出来的话，这些话语记录下来就成了佛经，成了佛教的典籍。我们只有照着开过悟、成过佛、有修行、有证悟的佛菩萨和祖师大德的言教——经论来做，才能够获得同样的经验，才会有同样的成绩。皈依僧——僧团，就是照这些理论去修行的出家人，我们跟着出家人来学习和实践佛法，慢慢也会变成快乐的人，变成身心健康的人，变成有觉悟的人。有觉悟，不是说自己得到了什么。有觉悟的人，有非常强的观照能力、觉察能力、判断能力，他对世界时时刻刻的认识，对自己所遇到的种种事的认识，跟没有觉悟的人的认识是不一样的。觉悟能力的强弱跟一个人所掌握知识的多少没有必然联系，一个人的知识越多不等于说他觉悟的能力就越强。有些人知识很多，却往往不容易想得开，他就会很苦，为自己的才华所障碍，为自己的知识所累。这种人现在非常多，各行各业都有。所以，一些比较有能力、比较有才华的人，往往不容易合群，因为他们对世界本质的觉悟还不足。

在佛门里是不一样的。一个人觉悟以后，他知道自己什么样的行为才是标准的。标准是什么意思呢？只有合乎标准，大家才能够接受；如果不合乎标准，大家就不容易接受。标准会不会变化？世间的标准是容易变化的；佛门的标准，在佛法方面的体悟是不会变化的，是变化不了的。变化不了，对于这一点怎么来理解？变化不了，是不是变成教条了？其实，这不是教条主义，而是内心的境界。你内心烦恼是多了，还是少了？如果烦恼越来越少，就说明你内心为人处世的标准就越来越清明；如果烦恼重了，烦恼多了，那么你内心这种标准慢慢淡化了，乃至湮没了，没有了。

世间标准，比如，1斤菜两块钱或者3块钱，是有价格的，但佛法是无价的。它是宝，三宝之一，对不对？三宝就是无价的，是不可以用价钱来衡量的，不可以用价格来标示的。我们在庙里一直说，“你有无量的功德”“你功德无量”，这就是没有办法来衡量的；“福慧无量”“福德智慧无量”，这也是没有办法来衡量的；“生命无限”“生命是无限的”，这也是没有办法来衡量的。世间的名言体系还不足以衡量佛法的标准。

佛法讲众生平等，你可能很难理解，一个人跟一只蚂蚁怎么平等？你肯定说，人比蚂蚁，比苍蝇，比牛、羊、鸡、鸭、猫、狗等都要高级。这是我们人的一种看法，认为人跟动物不同。但是，人有生命，动物也有生命，是不是？从生命的本质来讲，他们是一样的。那么他们之间的区别在哪儿呢？能力不同；另外，饮食不同，猫呀狗呀，吃的东西不一样；生活的环境也不同，比

如鱼在水里才能活，把它抓出来放到地上，它就死了，而一个人，把他放到水里他就活不了了。

我们学习佛法，了解佛法，掌握佛法，就是要慢慢让自己明白做人做事有一个方向，这样才能心中有数。心中有数，就是说我们内心有标准，知道应该怎么做。比如说话说几分，做事做到什么程度，这些都是在内心有一定觉悟以后，才能知道标准在哪里。如果我们没有这种觉悟，或者觉悟的能力不够，那么自己追求的就会是外在标准。一个人的成功，如果以他有多少钱，他有什么品牌的汽车，他的房子有多少平方米，他的职位是如何高……以这些来衡量，这就是在追求外在的标准。

觉悟的人，可能生活很简单，粗茶淡饭、布衣陋室，但是他的精神非常富有，精神生活非常充实，内心非常快乐，他的生命形态就和一般人不一样。

一个人，要去帮助别人，要去利益别人，用佛教的语言来讲，就是普度众生，救度众生，以此为乐，也就是平常说的助人为乐。帮助别人是一件快乐的事情，在佛门里，只要认同并掌握助人为乐这种观念，人的生命品质就会不一样。

在改革开放以前，助人为乐是经常提的，耳熟能详。改革开放以后，在市场经济的年代，社会鼓励人们竞争，竞争就变成了常态，人们不会无缘无故或者说不计成本地去帮助别人了。有时候有人可能做一些善事，那是因为自己有多余的时间，或者为了什么目的。比如现在有灾有难了，大家都在做，自己表面上要做一点，而内心没有真正认同助人为乐的观念。事实上，我们要认同并持守助人为乐的观念，让帮助别人成为自己内心一件欢喜、快乐的事情，并且要把这种事情常态化，自接受这个观念起一辈子都能实践这个观念。

助人为乐是菩萨的境界。菩萨就是助人为乐的人，自利利他，利益自己，利益众生。利益众生，众生得到了利益和快乐，然后自己才有利益和快乐，这是菩萨“不为自己求安乐，但愿众生得离苦”的精神。众生离苦，自己才能够获得安乐；如果众生有苦，自己也就没有快乐，这就是菩萨的境界。我们学佛法，就是要得到这种境界。这种境界非常了不起，非常崇高，非常伟大。有史以来，佛菩萨塑像都是金的、铜的、玉的……都是珠宝装饰，黄金贴面。一旦寺庙给佛像贴金，信徒们都争着出钱供养，每座庙都是如此。这就是大家对佛菩萨、对圣贤的一种崇敬心情的表现。

如果我们世间学校里的老师去世了，学生们也可能给他塑一个金身，这说明这位教师一定是非常受尊重的。实际上，这是很少见的。世间有那么多的塑像，很少看到、听到有用黄金做的，大多是用石头、水泥等制作而成。佛门里就不一样了，塑像用的材料都是世间最贵重的。不是说庙里有钱，这是体现了寺庙里的出家法师以及居士对佛菩萨的一种崇敬。这些外在的事物是我们内心崇敬的表相。在佛门里，出家法师、居士五体投地磕头，在世间就没有这种礼仪，你把钱给别人，让他磕头，他也不会给你磕头。在佛门里，大家都是发自内心地做这些事情。为什么呢？这就是佛法的缘故。

大家来这里待几天，想学到很多很多东西是不可能的。但是在这短短的几天里，通过你自己的了解、观察、思考，肯定会有启发。然后，你只要认为佛教里哪个观念比较好——助人为乐啊，自利利他啊，观功念恩啊，孝顺父母啊，改掉自己的习气毛病啊，有纪律、时间的概念啊，有团体的概念啊，等等——就选择哪个观念，并且一直照着去做。最后，自己的生命就会改变，自己的成就也会得到彰显。这样的话，自己就不会那么苦，幸福指数就会增加。

從忘我到無我
見行堂語
恭錄恩師上學下誠
大和尚言教

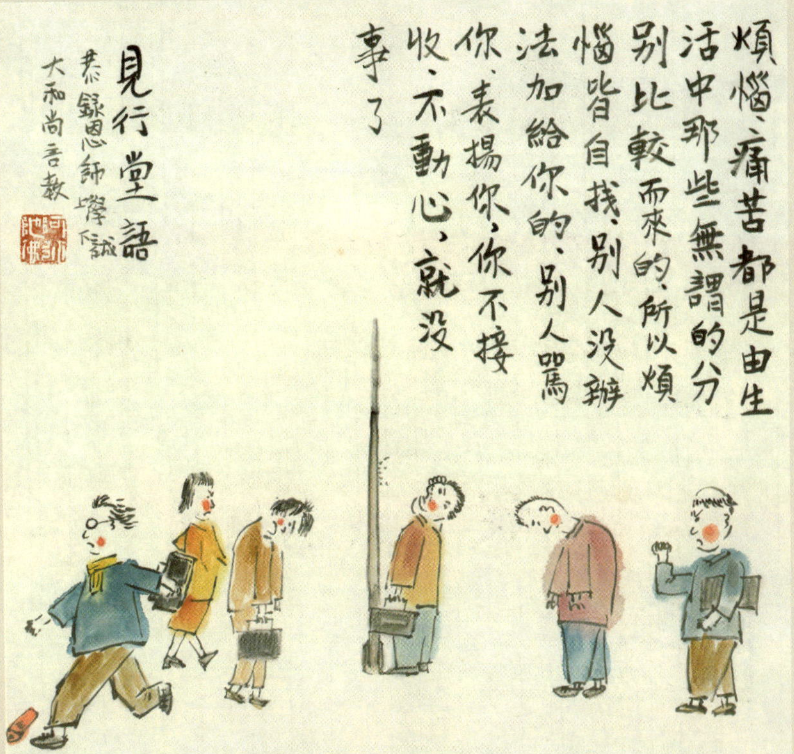
煩惱、痛苦都是由生
活中那些無謂的分
別比較而來的，所以煩
惱皆自找，別人沒辦
法加給你的，別人罵
你、表揚你，你不接
收、不動心，就沒
事了
見行堂語
恭錄恩師上學下誠
大和尚言教

日常生活中，我們內心的波動
就猶如大海的波濤一樣，
一直在強烈地起伏，有
這些煩惱在作怪，這就
是我們的問題，
那就要靠修行，
才有辦法解決
和面對，
見行堂語
恭錄恩師上學下誠
大和尚言教

凡夫提到「我」心中會有一種牢不可破的感覺、認爲有一個實有的、不變的、獨立的、有能動性的個體、當斷掉這個執着，就能脫離輪迴、

見行堂語
恭錄恩師上學下誠
大和尚言教

在意他人說自己壞話，才會對自己有影响，若不在意，一切不過是過眼雲煙罷了。
見行堂語
恭錄恩師上學下誠大和尚言教

第15章

缘境发心，去妄归真

2008年10月4日

学诚法师在皈依仪式上开示

愿你没有白白受苦

我们的心都是世间的染污心、分别心、生灭心，所以它体会不到佛法。那么我们该怎么来体会呢？我们就要到寺庙里来学，跟出家法师、跟各位同修一起学，这样才学得出来，才体会得出来。

皈依是一件很神圣的事情，可能好多人觉得很好奇：佛门里皈依究竟是怎么一回事？有些居士皈依过了，觉得皈依很简单，就是念三遍“皈依佛，皈依法，皈依僧”，没有什么特别的。但是我们呢，为什么要来皈依？很多人的发心都不一样，可能100个人有100种想法，200个人有200种想法，甚至你自己都会有好几种想法，有时候这样想，有时候那样想。有些人觉得寺庙里的佛像很庄严，于是他来皈依；有些人觉得寺庙里的环境很好，于是来皈依；有些人认为寺庙里的法师很有修行，所以他来皈依；有些人因为朋友或者父母、同学的劝导来皈依；有些人因为偶然的因缘来到这里参加法会，就顺便来皈依……总之，有种种的因缘，种种的原因。这些原因是不是促成我们皈依的前提？

对于初学的人，外在的环境对我们发心、皈依、用功是很重要的。

我们凡夫的心都是生灭的心，而圣人的心是不生不灭的。我们凡夫的心都是分别心，都是妄想，而圣人的心都是智慧、正念。这是不一样的，我们连“正念”和“妄想”都分不清楚。未学佛的人，他会有很多烦恼，内心有种种的苦恼、无明，他想不明白，就有很多稀奇古怪的想法，叫作妄想。但是皈依过的、学佛一段时间的人，乃至学佛相当长时间的人，未必就没有妄想，甚至可能有时候妄想更多，因为他很难区分“妄想”跟“正念”，不知道它们的差异是什么。

妄想就是我们人的分别心。比如，佛堂里很整洁、很清净，大家听课的时候都很认真，你就想“我要好好发心”；如果佛堂里有一个人在说话，你立刻就会起烦恼；如果佛堂里有一些不好的气味，你也会起烦恼；佛堂里有些看不惯的东西，你也会起烦恼。那么我们眼睛看到的，是不是就是没问题的？用世间的话讲，“眼见为实”，我们眼睛看到的，是不是代表真实的？我们用眼睛看，会不会看错？我们用眼睛看，能不能看到事物的本质？

比如，我们看到一个大磬，能不能看出这个磬有多重？光凭我们的眼睛，肯定看不出来！我们要通过大脑来想，通过我们的心来分别，猜它可能有5斤，这是通过我们的心来观察。这个磬放在手上，我们会觉得很沉重；如果手上拿着一团棉花，就会觉得很轻。我们认为的“轻”跟“重”，是根据内心来判断的，通过手跟外界的境界接触所产生的一种感觉。磬的密度比棉花的密度大，所以磬就让我们觉得重，棉花就让我们觉得轻。我们不会觉得空气重，实际上，天空中到处都有空气，我们却不会觉得空气有重量，尽管它确实是有重量的。这是因为它的密度是很小的，小到我们感觉不出来。同理，佛法就是我们内心的一种境界，它是存在的，但是我们不容易感受到它的存在，就犹如重量，只能通过去比量，去推论，说它是存在的，说它有多重要。

再比如“质量”。我们看到一尊佛像，就如观音菩萨像，很庄严，质量很好；我们看到自己身上穿的衣服，或者自己用的手机，可能就会感觉质量很次，或者家里用的东西，你说质量很次。质量好不好，也是我们的“分别心”分别出来的。说这个质量好，那个质量不好，质量的好与不好怎么来判断呢？就是看这个东西容易不容易坏，这个东西重要不重要。比如看一块石头，

石头大多是非常坚硬的，我们看到凤凰岭山峰的石头很坚硬，但很少有人说那里的石头质量很好；但如果我们手上的是一块玉石，同样是石头，质量却有很大的差别。

佛法的境界就是人的“分别心”分别出来的，就犹如“重要”和“质量”。佛法重要不重要？这是人分别出来的。你需要的时候，感觉佛法有多么好；你对境起烦恼的时候，就觉得佛法一点都不灵了。

人的境界也是一样。有的时候，分不清什么东西是有价值的，什么东西是没有价值的。比如空气有没有价值？不要空气行吗？有人认为空气无关紧要，可是如果没有空气，我们用不了几分钟就会死，对不对？那你说重要不重要？非常重要！佛法重要不重要？佛法一样重要，甚至比空气还重要！因为空气只能让我们的肉身活下来，不能解决我们心灵的问题，而佛法却能解除心灵的困惑。

如果事先对佛法的一些基本精神，或者对佛法究竟能帮助我们解决什么问题都没有搞清楚，我们要入门非常难。也就是说自己做了一件不明白的事，一开始做就不明白，那你想等以后再把这些搞明白是不可能的。比如你是个农夫，去耕地，最后会有收成；工人去做工，能够拿到工资，最后会有产品制造出来；科学家去搞研究，最后能够有发明；老师讲课，最后有很多学生受教成才；等等。学佛法也是一样，有因有果，我们发了什么心，就是种了什么因。如果发的心不对，或者我们没有发心，因就会有问题，因有问题，果也就会有问题。

大家来到龙泉寺，看到这里有好多年轻的有文化的人学佛法，觉得很难得。这仅仅是外在的境界。回家之后，可能就没有这么多人聚在一起了，你还学不学呢？回家以后，只有一个人或者几个人，就不学了，这就跟学佛法没有什么关系了。到庙里来，只是你参加集体活动的一种方式，如果回到家里你就不学了，就不皈依了，这样是不行的。皈依不仅是在庙里皈依，回家也一样，皈依是尽形寿皈依三宝。

怎样才能让我们皈依的心永远不退？那就是要认可皈依的意义、内涵，同时借助外在的环境，使我们内心有很坚定的信念，学佛的信念。我们学佛的究竟的目的是什么？用社会上流行的语言来讲，就是“超越自我”；用佛教的语言来讲，就是要“无我”，要“成佛”。先要超越自我，才能够实现“无我”，才能够达到解脱，才能够达到究竟涅槃，所以要一步一步地，一个环节一个环节地进行。

以“生灭心”来发心，和以“不生灭心”来发心，效果是不一样的。我们凡夫的心，既有“生灭心”的部分，也有“不生灭心”的部分，只是不生灭的心被我们生灭的心覆盖了。不生灭的心是我们的心的本体，心的本体犹如水，生灭心就犹如水面上的波浪。我们看到的都是波浪，看到的都是内心的动态，而对内心的静态却看不到。这是动与静的一种关系。我们要做到以“不生灭心”来发心，理性发心。

我们现在要缘境才能发心，如果不缘境就发不了。这就是说如果没有人给我们规定功课，没有人给我们规定多长时间来庙里一次，那么怎么看经礼拜、怎么供养，我们都不会做。所以刚开始我们要缘境才能发心，最后要离了境也能发心，就是说离开了境界、离开了寺院也能够发心。有佛像的时候，我们能发心；没有佛像的时候，我们也能够发心。

但是我们第一步要亲近三宝，要缘境界，缘三宝的清净、庄严、殊胜的境界才能发心，这才是重要的。好多居士皈依以后，就不来佛门了，认为在自己家里就能学佛，于是就离开了三宝的境。这是一种很无明的状态。我们内心的境界是极其脆弱的，如果不靠外在很强大、很庄严的境界，我们连正念都提不起来，只会有一大堆的妄想。

我们活在世间，见闻觉知，眼睛看，耳朵听，还有比这深一点的“觉”与“知”，六根、六境与六识，都在分别。实际上，我们能够分别的是很有限的。比如，我们一看，整个佛堂里一两百个人，那么先看到的就是一个和合的相；我们再看，一个人一个人分开看——看到一个人，有头发、眼睛、鼻子、手、脚，对此每个人的看法是不一样的；一看这个人，男的还是女的，老的还是少的，有没有文化？什么地方来的？是否诚心皈依？每个人看法又不一样了。同样在佛堂里，每个人关注的点是不一样的。我们可能只看到一个跟我们相应的点。比如今天皈依，你会关注家人、朋友有没有来，或者坐你旁边的是什么人，其他你都不管了。你说，在座这么多人，我都不认识，管他干吗？你不会去理他，也不会去管他，实际上他还存在，这些人都存在，都在一个屋子里坐着。有些人坐在这里听，可能只听某位法师讲什么，只关注皈依本子上写什么，其他人皈依不皈依、发心不发心，跟他没有关系。这又是一种心态、一种想法。所以在同一个佛堂里，我们这么多人共受皈依，实际上每个人的心态、内心的作意是千差万别的。

佛法要告诉大家，要正确、系统、全面地来认识人，认识自己的内心，让我们内心有一种能力，来认识客观的外境。佛法有这样一些引导的方法与步骤。世间法都是在外境上做学问，在外境上来分别、计较，而佛法是从内心来分别、计较，是不一样的。所以佛法是从心到境的，是从我们的内心来观察世界、认识世界的。

作为初学的人，往往庙里的很多法师都告诉你，要供养，要布施，要磕头，要念经，这是第一个阶段。布施是什么意思？就是放下。怎么放下呢？要从外在开始放下。你有1万块钱，要你拿10块钱做个供养，看你放得下还是放不下。从10块钱供养再到100块钱供养，然后慢慢从外在的物品、钱财到你的时间，逐步逐步地放下，直到我们的心。菩萨六度，第一度“布施”。布施完了，过一阵子，法师们就会再引导：你要好好“持戒”。说话要怎么说，做些什么事情，这是从身语来要求。但持戒还不够，还要“精进”，还要“忍辱”，就是大家说你、骂你、嘲笑你：你好好的怎么来皈依呢？你好好的怎么来学佛呢？你好好的怎么要跑到庙里来呢？很多人不容易接受你的这种行为。光有这些还不够，还要修“止观”，修止观完全是内心的境界了。

我们学佛法的人，如果没有经过之前的布施、持戒、忍辱、精进，就不可能有条件修止观。很多在家的居士，一开始就修止观，那是不可能的，坐在那里一直在打妄想——绝对是在打妄想。人家说你几句，受得了吗？肯定受不了。你怎么止，怎么观？即刻就会有分别心，内心即刻就会反弹，内心即刻就会有防范。为什么会有防范呢？怕自己受到损害。防范、防护是初学的人的一种心，叫自我保护。刚开始要防护自己，内心力量才能够增强。学到一定程度的时候，观的力量是很强的，就能够用自己观照的力量来帮助别人解决问题，犹如别人处在无明黑暗中，我们用佛法的观照的力量来帮助他。

所以学佛法是有层次、有步骤的。第一步要学什么，第二步要学什么，不能乱套，不能乱来，乱了就颠倒了，最后次第都会混乱，混乱了就修不下去了。犹如我们在学校里做实验，是有一定的步骤的，如果实验的次第混乱，最后得不出结果，同时也浪费时间。我们内心的修行也是一样的道理，在各个时期，人内心的问题是不一样的。

各位以后要好好学，今天只是开始，只是报名，只是注册，以后还有很长的路要走，非常多的东西要学。

為什麼會有這些奇奇怪怪的疾病？都是因為我們不尊重其他的動物，不尊重大自然只想到我們自己人的本身，沒有考慮到其他道的眾生，沒有考慮到其他的環境。就是失衡跟其他道眾生的一種失衡人跟自然環境的失衡、人跟社會環境的失衡
見行堂語
恭錄恩師上學下誠大和尚言教

没有在境界里歷練，所謂『聞思』只是紙上談兵，要真正懂得佛法的内涵，必須通過實踐，多思惟行持的殊勝利益。邁出突破習性的第一步，你會發現，戰勝自己其實並沒有這麼難，有時候，只要再努力一點就行了
見行堂語
恭錄恩師上學下誠大和尚言教

放下是一種力量
恭録恩師學誠大和尚言教
手里捏了一把花生不捨得放下就被困住了

我們把排泄物脏污都推給大地，大地却把它們吸收為養分，回報給我們甘美的果實，要做一個像大地一樣的人
見行堂語
恭錄恩師上惟下誠
大和尚言教

第16章

信心是皈依三宝的金钥匙

2008年10月4日

学诚法师在第四届"法门之光"福慧营皈依仪式上开示

愿你没有白白受苦

“皈依”这两个字，对于在座的人来讲可能并不陌生，有些同学在来到庙里以前就听说过。出家人每天做早晚功课，都要念三皈依，不论是哪一天，不论是什么时候，也不论是哪一个国家的出家人。汉传佛教、藏传佛教、南传佛教，都是要念皈依的。由此可见，皈依对我们来讲是非常重要的。比如，大家来到庙里，如果没有皈依，那么仅仅是进入了这个寺院建筑的空间而已。到了讲堂，到了大殿，到了斋堂，看到庙里很多的佛菩萨塑像，觉得这里气氛很好。而皈依是进入三宝殿堂的金钥匙。也就是说，在皈依以前，来到庙里，仅仅是你的人来到庙里；皈依以后，真正是心来到这里，而不仅是人来到庙里。你的身心不只是来到庙里，还同三宝在一起了，永远在一起了，所以这叫作皈依，皈投依靠，像回到家里一样。三宝就是我们的依靠，寺庙就是我们的家，所以皈依三宝就是回到家里。

我们要依靠三宝，依靠三宝我们才能够在真正意义上离苦得乐。“离苦得乐”这几字听起来很简单，因为人的本能就是要远离痛苦、追求快乐，但是很多人追求快乐非但没有得到，反而得到了很多的痛苦。我们想远离痛苦，结果痛苦不仅没有远离，还苦上加苦，这是因为对痛苦和快乐的本质认识不清楚。

痛苦也好，快乐也好，都是我们内心的一种感受、一种感觉。比如喜欢吃辣椒的人，他一看到辣椒就生欢喜心，就能够产生一种快乐的感受，吃的时候也享受，吃完以后还感觉辣椒的味道很好。而不喜欢吃辣椒的人，他一看到辣椒就掉眼泪，饭菜里有辣的味道就吃不下去，就会产生一种痛苦的感受。人与人之间的关系也是这样，你觉得某个人对你好，就喜欢经常跟他在一起，就会常常想念他以及与他相关的事。忽然有一天，你觉得他对你的看法改变了，或者说他最近对你不是那么好了，那么你的心情、感受立刻就不一样了。

我们的内心世界是反复无常的，外在的环境也是变化无常的。所谓变化无常，就是我们对外在事物的认识常常是有偏差的。今天这么看，明天那么看，后天又这么看，没有一个标准，没有一个答案，就会导致内心很迷茫。我们从小到大，从生到死，都是如此。但是，我们皈依三宝后就不会这样了。佛法告诉我们，世间的一切是无常的，世间的一切没有真实的体性，无常、无我。那么，我们如何在认识无常、无我的变化过程中，来提升生命的品质？如何在无常、无我的变化过程中，做好自己生命的主人，不至于迷失方向？这就要靠三宝，要靠皈依。

完成皈依的仪式，就表示我们内心已经将三宝作为自己生命内在的依靠。在家靠父母，出门靠朋友，我们学佛法，要了脱生死，要远离痛苦，要得到快乐，就要靠三宝。所以皈依是真正意义上进入佛法殿堂的金钥匙。

皈依的前提是有信心，信心是皈依的金钥匙。信心，它是有层次的。到医院去看医生，你对某个医生有信心，才会去找他；你对某个医生有信心，他开的药你才会吃，才会按照他的要求来吃；你对某个医生有信心，他说的话你才会相信。对老师也是如此，你对某个语文老师、数学老师、英语老师有信心，他告诉你应该怎么学习，应该怎么与人相处，报考的时候应该怎么填自己的志愿，你才会相信，才会听。在家里对自己的父母也是如此，你对父母有信心，父母说的话你才会听，如果没有信心，他讲的再有道理，你也不会听。

我们学佛法、皈依，也是如此。首先要培养信心，这很重要。比如，你对人的一种信任，你对人的一种恭敬，都是我们内在对三宝、对出家法师有信心的一种表现。

信心的第一个层次，就是清净。清净的信心，用佛教的语言来讲就是“净信”。所谓清净的信心，就是心里没有掺杂烦恼，心里没有掺杂妄想，心里没有掺杂自己很多的分别心、很多的妄念。更具体更形象地来讲，你到庙里很欢喜，看到佛菩萨的圣像很欢喜，看到佛指舍利，看到宝塔，很欢喜，内心非常坦然、清净、快乐。看到出家法师，很恭敬，也很欢喜。就是说，来到庙里看到一砖一瓦，一草一木，一个人，一件事，一尊佛菩萨的圣像，等等，都能够非常欢喜。为什么会这么欢喜呢？从外在的条件来讲，因为寺庙是一个道场，里面有三宝，一两千年来有许许多多的出家法师在庙里修行用功，有许许多多的善男信女在庙里烧香、顶礼、膜拜、念经、回向、忏悔等，寺庙里的这种氛围——用社会上的话来讲就是气场——跟外界不一样，所以你进入寺庙后感觉就不一样。如果到庙里头生不起这种心，那就不是一种清净的信心。不是说所有人到庙里来，都能够有这种心的，大部分人会有，但是有些人未必会有。有人对庙里这些出家法师每天在念些什么，每天在做些什么，感到很不理解。他总觉得出家人、佛教徒的思想跟社会观念是很有距离的——事实上，你们这几天待下来，就能够了解，根本不是那么回事。这就说明，很多人都是凭自己的观念去理解别人，凭自己内在的一种感觉，凭自己的一些肤浅的知识来认识外在，所以很难产生信心，更不要说是清净的信心。如果大家到这里法喜充满，有收获，很快乐，就具有了第一个信心：清净的心。

第二个信心，是欲乐的心。就是说我们有好乐心，我们有愿望，我们有追求。在世俗社会上有种种的追求，有种种的好乐心，有种种的愿望，在皈依三宝、进入佛法的殿堂之后，同样如此。不是说自己有欢喜心、有快乐的感受就够了，那还不够，我们还要有更高层次的要求，就是第二个层次的信心。那就是在佛法中，我们的愿望是什么，我们的追求是什么，我们对什么有好乐心。在寺庙里边有些法师喜欢打坐、坐禅，有些喜欢念佛，有些喜欢念咒，有些喜欢讲经，有些喜欢放生，这都是人的一种好乐心。比如有人觉得讲经说法、看经能够开智慧，自己想要开智慧，就天天去读经、研究经典。这就是人的愿望和好乐心，是人的一种追求，可以把它变成自己日常生活中的具体行动。

我们皈依以后，也要有这样的愿望、这样的好乐心和这样的追求。不是说皈依三宝以后就万事大吉了。如果我们不去作为，不去努力，不去学习，佛祖就给了我们一切，那怎么能叫作相应呢？佛法讲相应，相应就是指你内在有这样的追求，有这样的愿力，发大愿，有这样的好乐心，有这样的希求心，佛菩萨才能够满足我们的愿。如果你只是希望佛菩萨保佑自己学习怎么样，工作怎么样，生活怎么样，未来怎么样……却没有按照佛菩萨的教导去做，那就不可能得到。

菩萨、佛告诉我们的都是因果，就是说，你现在应该怎么努力，才会得到你想要的果。比如，你想吃苹果，有一个方法是你拿钱到外面去买，要买苹果，可以托人去买，或者自己坐车去买。无论开车去买、走路去买，你买到了，就得到了苹果。你觉得一个苹果不够，或者你不满足于只是买几个苹果，还可以去种，种一棵苹果树；如果觉得种一棵不够，要种一亩，要种满山遍野，那么两三年或者四五年之后，你就有了很大的收获、很好的收成。人生也是如此，你想有很好的收成、很好的结果，就要去耕耘；要默默耕耘，就要去发心，要去实践，要去努力。而不是说你想得到结果，却不在因上着手。

佛法讲缘生，佛法也讲缘起，缘生跟缘起有什么差别呢？缘生是从果上来讲的，叫作缘生；缘起是从因上来讲的，叫作缘起。比如盖一栋房子，大家看到它是怎么盖起来的？要有水泥，有钢筋，有木头，有砖头，有瓦片，还有地，还要人去做，种种因缘和合，就成了一个讲堂；种种因缘和合，就成了一座大殿；种种因缘和合，就成了一座庙。“法门之光”也是如此，营员、义工、后勤的服务人员、寺庙里常住的各个堂口的法师，通过大家的努力，就办起来了。这是我们从果上来分析，它是由哪些条件组成的，这就是缘生。而缘起是说，我要得到果，需要哪些条件？哪些条件具足了，果就能够产生？佛法注重的是缘起，“佛说缘起”。也就是说，通过果来看它的因，通过因来达到它的果。成佛是一个结果，我们怎样来成佛，这就是缘起。你想在世间有作为，在世间有成就，也是缘起，哪些因缘要让它生起来，哪些因缘要让它具足，因缘具足了，这些因缘生起来了，果就出现了。

就像你在学校里考试一样，答题时你答不出来，未必说明你不知道，也许是你没有想起来。有些人想起来了，有些人想不起来；想不起来就答不出来，想起来就答得出来。特别是在高考的时候，很多人其实会答，但是一下子答不出来，过几天才想起来，这也是缘起。所以说学佛法实际上也很简单，在什么时候，在什么地方，要让自己想起来什么，就能够想起来什么；要让自己不想什么，就可以不想什么，就是这么简单。这就是说，自己要掌握的，能够把它记住；自己要用的时候，拿得出来；自己不想要的，能够把它忘掉，把它忏悔掉。你不想让它从内心生起来、现起来的那些境界、那些事情、那些念头，就不要让它生起来，就可以了。所谓“已生恶令断，未生恶令不生；已生善令增长，未生善令生”，学佛法就是这么简单。这就是第二个层次——欲乐，就是断恶修善。第一个层次是要有清净心、欢喜心；第二个层次是不要做坏事，要做好事，按照佛陀的要求断恶修善。

第三个层次，胜解信心。胜就是殊胜的胜，解就是理解的解。就是说，对断恶修善，对因果，对缘起法，对佛法，对三宝，自己的信心、好乐心、希求心、虔诚心……永远不会改变，这就是胜解。你说怎么可能不变心呢？其实是能够做到的。比如，某个地方发生火灾，你肯定不敢往里跑了，不然会被烧死，这个道理每个人都知道。前面是万丈深渊，你也不敢往下跳，跳了的话你也是会没命的，是不是？你口渴了，你要找水喝，你喝矿泉水也好，喝茶水也好，吃西瓜也好，都能够解渴，因为这个道理你知道。冷了，你要穿衣服，热了，要开电风扇、开空调，衣服就不会穿那么多。你要去一个什么地方，或要回到家里，或要去出差，就要去买机票，买火车票，或者买汽车票。这就是胜解，胜解就是你知道自己要做什么事，这件事应该怎么做，你非常清楚，不会糊涂。你不会说我已经很热了，再拿一件衣服穿上，肯定不会。这样的人头脑就不正常了，就不能叫作胜解。

学佛法也是如此，想得到怎样一个结果，释迦牟尼佛告诉我们应该怎么做，我们就对这套理论深信不疑，永远不会改变，即使这一辈子都默默无闻，也照着这套理论去实践，最后人就成功了，最后人就成就了。

问题是，佛法太深奥，我们有时候将信将疑，相信跟怀疑是混合在一起的，很难百分百相信。所以佛法带给我们的就大打折扣，就不能得到那么好的一个结果，不能得到那么大的利益。如果我们完全相信，利益就会非常大。这个道理其实跟我们在社会上一样，在你的学习、你的工作、你的生活中，一生来看，你对几个人能够完全相信呢？很少的。在世间有没有一个人，他说的话你完全相信？因为大部分事情都是我们自己来判断，很难说在世间能够找到这么一两个人，他说的话我们百分百相信，这很难，很难很难。

这说明了一个什么道理呢？就是说，我们要对外在的东西真正建立信心，不是很简单的事情，是非常不容易的。我刚才举的那些例子，穿衣服、吃饭、喝水，因为这些是大家可以去验证

的，所以基本上都能够被认同。看得到、摸得着，就在眼前的事情，马上能够得到利益的事情，大家就相信。利益如果放远一点，人就不容易相信。就像刚才那个例子，你想到街上去买苹果，你花10块钱买两斤苹果，这就比较容易相信；你如果说这10块钱拿去买种子，种下去，10年以后，会收到100吨苹果，你也能够相信，但是你不容易去做。你想，要等10年，太遥远了！你不去管那么远的事情！学佛就更远了，它关系到来世，要解决的是未来世的事情，虽然也关心现在世，但是主要是关心来世，要修来世。

在今生今世，为什么大家都是人，大家也都这么努力，可有些人成就很高，无论是社会地位、学历，还是家庭、工作单位等，他各方面都能够有很好的成就？为什么有那么多人，也是那么努力，甚至加倍努力，也未必能够得到这些？按佛教理论来说这就跟前生的业因有关系。你前生如果没有种下善因，没有修福，今生今世你的福报就不够；而你今生今世的努力，做的好事，感得的果是在后世。所以说有些人的业因还没有生起，缘起还没有来到。有好多人现世很多的果报好，那是现世的缘起现起，是过去种下的善因，是过去的福德，所以感得今生的成就。

佛法的基本理论就是缘起、因果。佛法的基本要求，是要我们断恶修善，自利利他，自觉觉他，最后成佛。佛就是自觉觉他、觉行圆满，觉悟的行为圆满后才成佛的。自觉觉他、觉行圆满、究竟成佛，这些道理都是很辩证的，也都是能够落实的。所以，希望大家在这几天里，能够有所体悟，从有信心到皈依，这样就进入佛法的殿堂了。

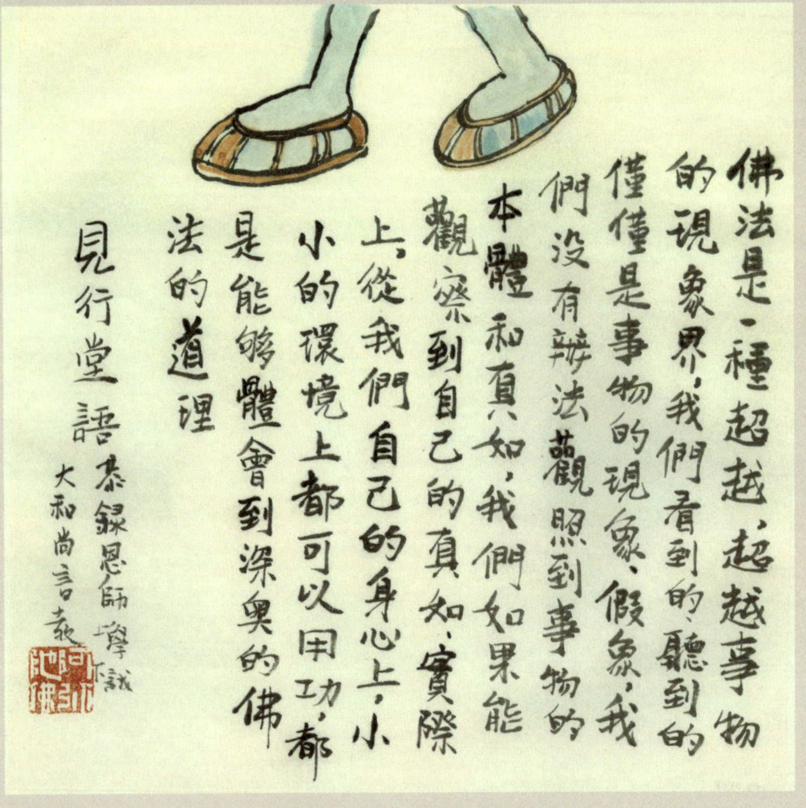
佛法是一種超越，超越事物
的現象界，我們看到的、聽到的
僅僅是事物的現象、假象，我
們沒有辦法觀照到事物的
本體和真知，我們如果能
觀察到自己的真知、實際
上，從我們自己的身心上，小
小的環境上都可以用功，都
是能夠體會到深奧的佛
法的道理
見行堂語
恭錄恩師上學下誠
大和尚言教

夫妻是緣，善緣、
惡緣，無緣不來。
遇不如意境
時，心中
當安忍，
以善待
人，方能
消除惡業，
否則冤冤相
報，傷害會
更大
見行堂語
恭錄恩師上學下誠
大和尚言教

我們要追求快樂
但不能追求欲望
見行堂語
恭錄上學下誠大和尚言教

我們常常聽到「聰明過人」，卻很少聽
到「善良過人」。學佛，與其說是培
養我們的能力，文化知識
倒不如說
是培養
我們的
善心良心
以及悲天
憫人的情
懷，啟發我們
的佛性
見行堂語
恭錄恩師上學下誠大和尚言教

愿你没有白白受苦

第17章

消除对皈依的种种误解

2008年10月4日

学诚法师在北京龙泉寺春节华严法会皈依仪式上开示

愿你没有白白受苦

长期以来，很多人到庙里皈依，仅仅是为了拿本皈依证这样一个简单的目的，实际上，这种想法是不对的。有些人认为寺庙要发展，要吸引很多人来，这也不是正确的想法。实际上，是大家自己需要佛法，需要三宝。自己需要皈依，才会来皈依，而不是别人要求我们来皈依的。比如，出家法师要求我们来皈依，和我们自己发心来皈依，这是不同的。如果别人要求我们皈依，我们自己并不想皈依，那也得不到什么皈依，也不算真正皈依。

有些人认为皈依就是把仪规念几遍，半小时就结束了，这就算皈依了。其实仪规只是一个仪式，这个仪式是有内涵和意义的，仪式做完表示我们学佛的开始，表示我们修行的开始，是我们究竟成佛的基础。

所以说皈依是信佛、学佛、成佛的开始，是第一步。并不是

说，参加了皈依的仪式，我们就变成佛教徒了，这种观念有很大的问题，是不符合佛教皈依的意义的。

皈依是指我们整个人生要寻求、皈投、依靠佛法僧三宝。法，是释迦牟尼佛宣说的。僧，是僧团根据释迦牟尼佛的法来实践，这些人住在一起，就成了一座庙、一个道场、一个团体。这个团体是根据佛法来做事，根据佛法来生活、实践的。我们皈依之后，就意味着自己的思想、语言、行动要同这个团体的所作所为符合、相应，那才是学对了。如果不是这样的话，那我们到庙里来皈依，就只是得了一个名义而已，美其名而已，没有实际的内涵和意义。有人皈依好几次了，这座庙也皈依，那座庙也皈依，这位法师也皈依，那位上师也皈依，这仅仅是凑热闹而已。实际上，他内心没有选择真正的皈依处，没有皈依的对象，没有皈依的僧团。

就如我们在社会上要办一个活动一样，要有一个团体来举办，要有一个组织来策划，来执行，如果我们的行为跟这个团体的行为不符合，这个活动就做不好。我们出去旅游的时候，掉队了就会很害怕；一个人，家庭其他成员找不到他也会很担心；我们在学校里上学，如果被开除学籍，也会非常难过。

皈依也是一样的，皈依就是意味着我们整个人生的选择，我们需要佛法的精神食粮，需要佛法来指导我们的生活。所以，这不仅仅是仪式。仪式很容易做，半个小时就做完了，但是我们的学习就不是那么容易的事情，不是一天两天或一年两年就学得好的。10年，20年，乃至一辈子也很难讲会学得怎么样。好多居士学了一下，就不知道怎么往下学了，学不下去了。越学越迷茫，越来越缺乏方向，是因为内心对佛法、对三宝没有真正皈依。皈依不仅仅是皈依某一个人，还要皈依团体，皈依僧团，皈依团体的出家法师，皈依依法实践的这些人和这些人的思想。只有愿意照着这个做法去做，照着这个思想去落实，我们才是真的皈依。

大家学佛要有一个方向，这个方向往哪里走，怎样往下学，我们要去了解，要去学习，要去掌握，这才是真正的学佛法。如果不是这样，就仅仅是到佛门里来结缘罢了，到庙里能找到很多熟悉的人、很多善良的人，大家来凑热闹。这不是在学佛法，是在凑热闹，热闹一过，不热闹了，就不学了，这是肯定的。

所以我们皈依，要的是不是自己发心皈依，以及皈依对象的选择，这都是非常重要的。一旦我们认准佛法对自己生命的意义，就不能动摇，不能改变，不能怀疑，不能懈怠。懈怠，懒惰，没有对佛法的希求心，慢慢就没有什么皈依可言，内心就没有了真正的依靠，内心就没有了力量。

按社会上的话来说：在家靠父母，在学校靠老师，在外靠朋友。

而学佛法要靠善知识，要靠僧团。我们学佛法，常常讲是跟法师学，跟过来人学，跟善知识学。学佛法不是跟书本学，书本只是作为参考。书本里说四谛、十二因缘、六度，从释迦牟尼佛开始到现在都是讲这些道理，而过去那么多人有成就，现在我们为什么学得难有成就？就说明跟人有关系。

不一定说道理认识到了，我们就做得到。“道理认识到”跟“做得到”是有很大差距的，要看理论怎样变成实践。自己内心对佛法的想法，怎样通过自己的语言和行为相应。想法、说法、做法相应，这是不容易的事情。

长期以来，我们内心对人都有一种拒绝、排斥、怀疑、我慢。实际上，连人与人之间的关系都很差，障碍很大，问题很大，更何况学佛法。在家的时候，我们人缘不好，人与人之间的关系都很难处理好，那么怎么来学佛法？佛法包括十法界，人界也是法界之一。我们在现实生活中，接触的是活生生的人，看得到，摸得着，会有喜怒哀乐，但我们连这个关系都很难处理好，更何况面对内心的世界？更何况我们要跟佛相应？佛要度众生，功德圆满，菩萨也有菩萨道，难行能行、难忍能忍、自利利他。所以我们皈依之后，要真正去学习。这样的话，一天又一天，一年又一年，佛法的这种利益我们才能够真正得到。

如果我们学佛法的动机有问题，目的有问题，方法有问题，步骤有问题，最后都会出问题。不是说我们动机没有问题，最后就不会出问题。动机没问题，发心学佛；目的没问题，我们要成佛，但是怎么成呢，怎么学呢？整个过程需要方法，需要善巧方便。若没有方法，没有步骤，没有次第，我们人很快就老了，很快心就发不起来了，这些对我们来讲都是很大的考验。大家2009年第一次来皈依，我们100个人、200个人，最后能有那么10个8个甚至3个5个坚持下来就很不错了。你过10年、20年，过50年再看，我们还有没有这种信心，有没有这种动力？那都很难讲。

可能我们到庙里皈依一次，拿了皈依证，过个1年、2年、3年，慢慢就忘掉了，忘掉自己是佛教徒了，忘掉我们皈依到底要做什么了。我们非常容易用佛法来点缀自己的生活，庙里什么活动也会参加，佛教道理也懂一点，就是用佛法来装门面，或者作为大家谈论的一个话头而已，3个5个人，大家交流，有个话题可以说。

佛法学对路的，肯定要心跟法相应，心跟人相应，法跟法相应，人跟人相应，如果这些不相应，就没办法学。

所以归根究底，我们内心要跟三宝相应，要跟佛法相应，而不是说佛法跟我们的心相应，三宝跟我们的心相应。因为我们的内心都是烦恼，都是无明，只有我们内心跟佛法相应，对三宝有

广大的希求心、虔诚心和不变的信心，我们的烦恼才有办法得到调伏，得到化解。

信心一起来，自然烦恼就起不来了，信心的特质就是能让我们内心清净。如果我们内心对三宝有怀疑，那就是在起烦恼，那么听经、听开示、拜佛都在起烦恼，行为的意义就不大了。

所以，为什么我们很强调信心——对三宝的信心，对出家法师的信心，缘由就在这里，而不是说我们出家法师需要大家恭敬相待。那么对于佛菩萨呢？我们内心对佛菩萨是否恭敬，别人怎么会知道呢？可能在有人的时候，或者我们觉得要去恭敬的时候，才会去恭敬，而实际上我们在一年到头的大部分时间里，佛菩萨在我们内心的分量是很轻的，甚至是没有的。可能只有在看到佛菩萨的时候，心里才会有一点信心和恭敬心，实际上大部分的人都没有。我们看到佛像，看到佛经，还要靠我们自己来理解，自己来理解道，看到佛像我们要恭敬，看到佛经要根据里面的意思来行持，来修行。我们看到出家法师，就不一样了，出家法师是人，是佛法的体现，他告诉你的方法可能跟你自己理解的方法不一样。你可能翻了哪一本经书，翻到了哪一页，自己理解了哪一句，就是根据自己的理解、自己的因缘，也就是靠自己的力量去理解佛法的。而法师告诉我们的方法，是这位法师多少年修行的经验，这就是经验的传承。经验的传承与自己看经本所

获，这两种力量是不同的，这时要看自己怎样去选择了。因为我们凡夫众生，我执、法执很重，每个人习惯相信自己，不相信别人。每个人容易相信自己所理解的佛法，不相信别人对佛法的讲说，这其实是很大的障道因缘。

佛门里强调，亲近善知识才能听闻正法，才能如理作意，法随法行。为什么把亲近善知识排在听闻正法的前面呢？道理也就在这里。我的意思并不是否定大家主观的觉悟，而是说佛法跟世间法，本质上不同。

所以皈依之后，希望大家常常来听课、共修，真正得到佛法的利益。以此祝愿大家。

图书在版编目（CIP）数据

愿你没有白白受苦 / 学诚著；贤书，贤帆绘. —北京：台海出版社，2016.3
ISBN 978-7-5168-0854-2

Ⅰ. ①愿… Ⅱ. ①学… ②贤… ③贤… Ⅲ. ①人生哲学—通俗读物 Ⅳ. ①B821-49

中国版本图书馆CIP数据核字（2016）第040138号

愿你没有白白受苦

著　　者：学　诚　　　　绘　　者：贤　书　贤　帆

责任编辑：晋璧东　　　　封面设计：仙　境
版式设计：李　洁　　　　责任印制：蔡　旭

出版发行：台海出版社
地　　址：北京市朝阳区劲松南路1号　　邮政编码：100021
电　　话：010-64041652（发行，邮购）
传　　真：010-84045799（总编室）
网　　址：http://www.taimeng.org.cn/thcbs/default.htm
E-mail：thcbs@126.com

经　　销：全国各地新华书店
印　　刷：北京缤索印刷有限公司
本书如有破损、缺页、装订错误，请与本社联系调换

开　　本：710×1000　1/16
字　　数：150千字　　　　印　　张：17.5
版　　次：2016年5月第1版　　印　　次：2016年5月第1次印刷
书　　号：ISBN 978-7-5168-0854-2

定　　价：39.80元